2019年主题出版重点出版物

“十三五”国家重点图书出版规划项目

绿色发展新理念

绿色消费

生态环境部宣传教育中心◇主编

人民日报出版社

北　京

图书在版编目（CIP）数据

绿色发展新理念. 绿色消费 / 生态环境部宣传教育中心主编. -- 北京：人民日报出版社, 2020. 9
ISBN 978-7-5115-6409-2

Ⅰ. ①绿… Ⅱ. ①生… Ⅲ. ①绿色经济—经济发展—研究—中国 Ⅳ. ①F124.5

中国版本图书馆CIP数据核字(2020)第087628号

书　　名：绿色发展新理念. 绿色消费
LÜSE FAZHAN XIN LINIAN . LÜSE XIAOFEI
作　　者： 生态环境部宣传教育中心

出 版 人： 刘华新
责任编辑： 袁兆英　刘晴晴
封面设计： 邢海燕

出版发行： 人民日报出版社
社　　址： 北京金台西路2号
邮政编码： 100733
发行热线：（010）65369509　65369527　65369846　65363528
邮购热线：（010）65369530　65363527
编辑热线：（010）65363105
网　　址： www.peopledailypress.com
经　　销： 新华书店
印　　刷： 大厂回族自治县彩虹印刷有限公司
法律顾问： 北京科宇律师事务所 010-83622312

开　　本： 880mm × 1230mm　1/32
字　　数： 121千字
印　　张： 5.25
版次印次： 2020年9月第1版　　2020年9月第1次印刷

书　　号： ISBN 978-7-5115-6409-2
定　　价： 37.00元

习近平谈生态文明

加快生态文明体制改革，建设美丽中国。

——党的十九大报告

生态文明建设是关系中华民族永续发展的根本大计。生态兴则文明兴，生态衰则文明衰。

——在全国生态环境保护大会上的重要讲话

2018年5月18日

我们要建设的现代化是人与自然和谐共生的现代化，既要创造更多物质财富和精神财富以满足人民日益增长的美好生活需要，也要提供更多优质生态产品以满足人民日益增长的优美生态环境需要。

——党的十九大报告

生态环境是关系党的使命宗旨的重大政治问题，也是关系民生的重大社会问题。

——在全国生态环境保护大会上的重要讲话

2018年5月18日

我们既要绿水青山，也要金山银山。宁要绿水青山，不要金山银山，而且绿水青山就是金山银山。我们绝不能以牺牲生态环境为代价换取经济的一时发展。我们提出了建设生态文明、建设美丽中国的战略任务，给子孙留下天蓝、地绿、水净的美好家园。

——在哈萨克斯坦纳扎尔巴耶夫大学的讲演

2013年9月7日

倡导简约适度、绿色低碳的生活方式，反对奢侈浪费和不合理消费，开展创建节约型机关、绿色家庭、绿色学校、绿色社区和绿色出行等行动。

——党的十九大报告

编委会

《绿色发展新理念·绿色消费》

主　　编：张小丹

本书编写人员：陈轶群　曹　磊　王旭梅　钟　玲

顾江源　邢红霞　张晓卉　曹　婧

贾秀芹　范晓云　任立平　顾雪慈

张文强　韩　毅　袁　轶　刘之杰

酆婧轩　张　琳　张　越

总 序

生态文明建设是关系中华民族永续发展的根本大计。党的十八大以来，以习近平同志为核心的党中央站在坚持和发展中国特色社会主义、实现中华民族伟大复兴中国梦的战略高度，把生态文明建设和生态环境保护摆在治国理政的重要位置，谋划开展了一系列根本性、开创性、长远性工作，推动生态文明建设从实践到认识发生历史性、转折性、全局性变化。

2018年5月召开的全国生态环境保护大会正式确立了习近平生态文明思想，这是大会最大的亮点，是标志性、创新性、战略性的重大理论成果。习近平生态文明思想内涵十分丰富，集中体现为生态兴则文明兴、生态衰则文明衰的深邃历史观，人与自然和谐共生的科学自然观，绿水青山就是金山银山的绿色发展观，良好生态环境是最普惠的民生福祉的基本民生观，山水林田湖草是生命共同体的整体系统观，用最严格制度保护生态环境的严密法治观，全社会共同建设美丽中国的全民行动观，共谋全球生态文明建设的共赢全球观。习近平生态文明思想是习近平新时代中国特色社会主义思想的重要组成部分，深刻回答了“为什么建设生态文明、建设什么样的生态文明、怎样建设生态文明”等重大理论和实践问题。

做好新时代生态环境保护工作，最根本的就是要深入学习贯彻习近平生态文明思想和全国生态环境保护大会精神。习近平总书记在全国生态环境保护大会上强调，要自觉把经济社会发展同生态文明建设统筹起来，加快形成绿色发展方式和生活方式。在2018年中央经济工作会议上，总书记将加快绿色发展作为我国重要战略机遇期的新内涵。党的十九大报告特别指出，我们要建设的现代化是人与自然和谐共生的现代化，既要创造更多物质财富和精神财富以满足人民日益增长的美好生活需要，也要提供更多优质生态产品以满足人民日益增长的优美生态环境需要。

推进绿色发展是实现人与自然和谐共生的必由之路。党的十九大报告指出，要加快建立绿色生产和消费的法律制度和政策导向，建立健全绿色低碳循环发展的经济体系。构建市场导向的绿色技术创新体系，发展绿色金融，壮大节能环保产业、清洁生产产业、清洁能源产业。推进能源生产和消费革命，构建清洁低碳、安全高效的能源体系。推进资源全面节约和循环利用，实施国家节水行动，降低能耗、物耗，实现生产系统和生活系统循环链接。倡导简约适度、绿色低碳的生活方式，反对奢侈浪费和不合理消费，开展创建节约型机关、绿色家庭、绿色学校、绿色社区和绿色出行等行动。我们要坚定不移贯彻绿色发展理念，进一步发挥生态环境保护的倒逼作用，加快推动经济结构转型升级、新旧动能接续转换，在高质量发展中实现高水平保护、在高水平保护中促进高质量发展。

如何把绿色发展方式和生活方式的新理念贯穿到中小学、大学、社区、家庭、乡村、企业、机关，让更多的人选择绿色出行、绿色消费，了解绿色学习中心、绿色建筑、绿色供应链，是我们在新时代践行绿色发展需要大力解决的实际问题。为此，生态环境部宣传教育中心组织了有关部属单位以及清华大学、北京师范大学、首都师范大学、北京教育科学研究院、北京市环境保护宣传中心、江苏省环境保护宣传教育中心、中环联合（北京）认证中心有限公司、公众与环境研究中心（IPE）等机构的数十位专家及学者共同编写了这套“绿色发展新理念·建设美丽中国”系列丛书。

“绿色发展新理念·建设美丽中国”系列丛书包括《绿色发展新理念·绿色乡村》《绿色发展新理念·绿色学校》《绿色发展新理念·绿色家庭》《绿色发展新理念·绿色机关》《绿色发展新理念·绿色企业》《绿色发展新理念·绿色大学》《绿色发展新理念·绿色消费》《绿色发展新理念·绿色建筑》《绿色发展新理念·绿色供应链》《绿色发展新理念·绿色学习中心》《绿色发展新理念·绿色出行》《绿色发展新理念·绿色社区》，共计12册。本套丛书旨在全面落实习近平生态文明思想和全国生态环境保护大会精神，推动形成绿色发展方式和生活方式，提高社会公民，尤其是基层干部、教育工作者、社区和企事业单位管理者对绿色发展的理解，并为其提供可操作性强的实践方法，激发全社会践行绿色发展的自觉性和主动性。

本套丛书的编写人员“术业有专攻”，在深入学习领会习近平生态文明思想和全国生态环境保护大会精神，以及广泛参阅文献的基础上结合相关实践经验编写完成。本套丛书的亮点在于，不仅展现了我国生态文明建设的最新成果，还详细列举了许多国内外的成功经验与做法，内容科学准确，可以作为各个领域特别是干部和公众进一步深入学习贯彻习近平生态文明思想的操作指南，具有较强的可读性和借鉴意义。

曲格平

2019年3月于北京

前　言

2017年10月18日，中国共产党第十九次全国代表大会在北京开幕，习近平总书记代表十八届中央委员会向大会做报告。报告在“加快生态文明体制改革，建设美丽中国”章节，特别指出要加快建立绿色生产和消费的法律制度和政策导向，建立健全绿色低碳循环发展的经济体系。

正如党的十九大报告中所指出的，我国社会主要矛盾已经转化为人民日益增长的美好生活需要和不平衡不充分的发展之间的矛盾，人民美好生活需要日益广泛，在环境方面的要求日益增长。我国在几十年快速发展中积累了大量生态环境问题，已成为全面小康的明显短板，成为人民群众反应强烈的突出问题，绿色生产与绿色消费已成为我国经济社会高质量发展的必由之路。

在2017年5月十八届中共中央政治局第四十一次集体学习中，习近平总书记就推动形成绿色发展方式和生活方式提出6项重点任务，其中第五项提到要倡导推广绿色消费。生态文明建设同每个人息息相关，每个人都应该做践行者、推动者。要加强生态文明宣传教育，强化公民环境意识，推动形成节约适度、绿色低碳、文明健康的生活方式和消费模式，形成全社会共同参与的良好风尚。

在2018年5月召开的全国生态环境保护大会上，习近平总书记在讲话中指出，绿色生活方式涉及老百姓的衣食住行，要倡导简约适度、绿色低碳的生活方式，反对奢侈浪费和不合理消费。广泛开展节约型机关、绿色家庭、绿色学校、绿色社区创建活动，推广绿色出行，通过生活方式绿色革命，倒逼生产方式绿色转型。

绿色消费的意义在于应用人与自然的和谐理念，建立一种既能满足自身需求，又能满足整个社会及后代发展消费方式，尽量减少对自然生态系统有负面影响的生活行为。倡导绿色消费的行为包括推广绿色服装、提倡绿色饮食、鼓励绿色居住、普及绿色出行、发展绿色旅游、主动提高商品循环和共享使用，抵制和反对各种形式的奢侈浪费、不合理消费等，让人民在充分享受经济社会发展带来的便利和舒适的同时，履行保护资源环境的责任和义务，促进人类永续发展。可以看出，绿色消费的内涵不仅仅是反对铺张浪费、过度消费，还包括资源循环再生、能源高效利用、对生存环境和物种的保护、动物福祉等，是一种综合性的消费理念。同时，通过绿色消费可以倒逼绿色生产，为全社会生产方式、生活方式绿色化贡献力量。

绿色消费的实施包括政策引导、企业参与、技术革新和消费者参与等多个方面。其中，消费者是绿色消费真正的实践者，也是促进生产技术绿色创新及产业结构优化的重要动因。然而，就算是在绿色消费意识觉醒较早的欧洲，2013年民调数据显示，虽有80%的消费者表示愿意实施绿色消费，但仅有26%的人真正践行绿色消费。这一方面是由于绿色产品的价格偏高，另一方面则是因为在消费过程中消费者难以判断什么是真正的绿色。为应对这一难题，生态环境部宣传教育中心、中环联合认证中心共同编写完成“绿色发展新理念·建设美丽中国”系列丛书之《绿色消费》。本书依照绿色发展系列丛书统一要求，以绿色消费的理论和国际发展为基础，以我国绿色消费实施案例为重点，力求体现我国在绿色消费领域取得的成绩，也提出了今后我国绿色消费的发展建议，为研究绿色消费和绿色消费实践提供参考。

本册书由张小丹任主编，大纲设计由张小丹、陈轶群和曹磊完成。书中第一章由王旭梅编写；第二章第一节至第二节由张晓卉编写，第三节由任立平编写，第四节由顾雪慈编写；第三章第一节由邢红霞编写，第二节由范晓云编写，第三节由贾秀芹编写，第四节由张文强编写，第五节由曹婧编写，第六节由韩毅编写；第四章由顾江源编写；第五章由钟玲编写。全书统稿由曹磊完成，郭怡、刘娟、袁轶、曾红鹰、刘之杰、酆婧轩、张琳、张越对书稿进行了审阅、修订、整理编写并为图书的出版做了大量的工作。本书在编写过程中，得到生态环境部宣传教育中心主任贾峰、副主任闫世东，美国环保协会副总裁、北京代表处首席代表张建宇及聚光科技（杭州）股份有限公司孙越等领导和专家的指导，得到多个行业专家及企业的支持和帮助，在此一并表示衷心的感谢。

本书供各级领导干部、企业管理人员、教育工作者，以及所有热爱绿色发展、关心国家生态文明建设的读者使用。

由于编者学识水平有限，书中难免存在错误和疏漏之处，恳请读者批评指正。

张小丹

2019年7月于北京

目录
Contents

第一章

绿色消费

第一节　绿色消费的起源

党的十八大报告、十九大报告坚持大力推进生态文明的建设，阐述了生态文明建设的重要性，而要建设好生态文明，消费模式的绿色转型不但是重要切入点，也是走向生态文明的必经之路。

因此，关注绿色消费的发展变迁过程、现行消费模式存在的问题不仅可以促进国民经济的可持续发展，还能为我国消费模式的转型问题提供重要参考，为消费模式的绿色转型奠定理论研究的基础。

一、消费的含义

消费广义上指维持人类生存发展和促进社会进步不可或缺的消耗产品的过程，与生产、分配、交换一起组成了一个统一、循环、有机的整体；狭义上指的是依靠自然资源所生产出来的物质和精神产品满足人类物质和精神需要的过程。而消费模式是指在一定的生产力发展水平和一定的生产关系条件下，消费者和消费资料相结合来实现需要满足的方法和形式，既是人们消费关系和消费行为的体现，又从总体上反映消费行为的基本内容、消费态势和价值取向，更是指导消费者进行消费活动并对其进行价值评判的根本依据。伴随着社会的发展，消费模式的形式和内涵也在不断地发生着变化，人们的消费形式、消费观念、消费行为等等都发生着变化，随着社会的发展而有所不同。

二、消费存在的问题

对照我国目前的消费现状，从消费的后果看，我国目前消费存在着消费的不可持续性问题。主要表现在：

1.资源浪费型消费

资源浪费型消费是指人们因不讲究资源的使用效率而出现的资源滥用或无效使用的消费活动。资源浪费型消费既可能发生在生产消费领域，也可能出现在个人生活消费领域。目前，我国有些地方存在不顾资源消耗情况，片面追求扩大消费的倾向。一些消费者一味地以高消费为参照、盲目攀比。过度用水、过度用电、过量耗油，大量采用天然资源包装商品、过度使用以天然资源为原料的一次性用品等消费行为加剧了煤、电、油、水、地等资源紧张，对人民生活、工农业生产和经济社会发展产生严重的瓶颈制约。

2.环境破坏型消费

环境破坏型消费是指在消费过程中不注意环境保护，大量排放有毒物质或随意丢弃废弃物，使得环境的污染程度超出自身净化能力而造成的破坏环境的消费活动。目前，我国有些地方出现为了追求经济的高度增长，不顾环境保护，片面鼓励消费的现象。同时，很多消费者环保意识还没形成，乱扔废弃物的情况比较普遍。我国每年报废废旧冰箱、电视机几百万台，由于没有及时组织回收，对环境造成极大的压力；同时，由于过度使用不可降解的一次性用品，特别是包装用品，造成环境长久污染；过多食用野生动物，破坏了生物链。

3.安全隐患型消费

安全隐患型消费是指对生命以及社会带来安全隐患的消费活动。这种不可持续消费类型主要是因为人们消费不健康的产品导致的。食用农残、药残超标或加入对人体有害添加剂的食品，使用不符合各种标准的假冒伪劣商品或含有大量有害物质的家居装修材料等等都是属于有害消费者身体健康的产品消费。这些对消费者和社会构成安全隐患的消费行为在我国消费生活中大量存在。

三、国际绿色消费的发展历程

随着工业文明的不断发展，人类在享受工业文明所带来的辉煌成果和大量物质财富的同时，深深地感受到人类赖以生存的自然资源和生态环境正在面临着巨大的挑战。生态危机加剧、社会问题不断增多，从国际背景来看，气候变化、环境污染是当今全球面临的重大挑战。工业社会的不断发展，使得人类陷入了前所未有的困境，为人类的生存环境带来了灾难性的后果。人类社会面临着人口、环境、资源、经济和社会发展失衡的严峻挑战。全球的生态环境问题已经与各国的经济、政治、文化和社会融为一体。

因此，人类不得不对过去所采用的消费方式进行反思。于是，在人类对环境问题有了深刻认识之后，一种适应自然和社会要求的消费模式——绿色消费便应运而生。

绿色消费不仅包括消费者主动选择绿色产品，还包括物资的回收利用、能源的有效使用以及对人类赖以生存的环境和物种进行保护等内容，可以有效地解决当前严重的生态环境问题。绿色消费这一概念与模式的提出在国际社会经历了以下过程：

1944年，《大转型》首次提及“生态消费”的概念，并指出不合理的消费方式是环境污染、生态破坏问题严重的根本原因。这被看作绿色消费思想的起源。

1972年，吉登斯指出，为缓解社会发展过程中遇到的一系列问题，应当改变不合理消费方式。绿色消费思想从此得到广泛传播。

1972年，罗马俱乐部发表的《增长的极限》报告，第一次明确地告诫人类：我们同舟共济于一个地球，地球的自然资源是有限的，自然界吸纳人类经济活动所排放废弃物的自净能力也是有限的。资源环境与经济发展之间存在不可回避的矛盾，引起了世界各国的广泛关注和重视。

同年，《人类环境宣言》应运而生。宣言的大致思想是人类必须顺应自然，在此前提下从事改造世界的活动。这体现了人类开始意识到毫无节制地消费只能使得人类自食其果。

各国逐渐认识到节约资源、保护生态环境的重要性，西方学者更加重视研究绿色消费。1987 年，《绿色消费者指南》首次提出“绿色消费”，并总结了消费者购买商品应遵循的原则。三年后，《我们的家园——地球》明确指出消费环节是生态问题严重的重要原因。

1992年，联合国里约热内卢环境大会上通过的《21世纪议程》指出，不适当的消费模式导致的环境恶化、发展失衡是地球面临的严重问题。大会主张深入探讨如何改变人类过度消费的不良习惯，实现可持续发展。绿色消费理念自此在全球范围内得到大力倡导和广泛传播。

2009年12月，丹麦哥本哈根召开了联合国气候大会，政府的高度重视和媒体的广泛传播，使得气候变化、低碳经济、低碳生活等理念家喻户晓。低温、干旱、洪水等极端气候现象的频繁发生也使得各国消费者切身感受并充分认识到进行绿色消费的必要性，绿色消费理念在世界各国得到更为广泛的普及与宣传。

2012年，联合国环境署把第41个世界环境日的主题定为“绿色经济，你参与了吗?”其目的在于引导人们将绿色经济的思想贯彻到日常生活中的点点滴滴，从而带动社会的良性转变，满足人口日益增长的消费需求。

由此，绿色消费在西方社会逐渐发展起来，他们已经充分认识到传统消费模式存在的弊端，因而反对过度消费，认为绿色消费是一种新型的消费，倡导节约、低碳、适度，在消费的过程中注重考虑消费者其行为对于生态环境所产生的影响，也是实现绿色经济发展的具体体现。

四、中国绿色消费的历程

中国改革开放40年来，我国坚持以经济建设为中心，不断解放和发展社会生产力，努力提高人民生活水平，为全面建成小康社会的宏伟目标不懈努力，妥善处理我国现阶段存在的各种矛盾和利益冲突。

进入新时期，我国通过一系列的政策、措施，认真解决发展过程中遇到的问题与难题，社会主义建设取得一系列成就，实现了经济又好又快发展的目标，人民生活得到显著改善。但是，随着经济的持续高速增长，我国消费者生活需要得到基本满足后，受消费需求不断上升规律的影响，人们对生活质量和美好环境的绿色需求产生了强烈的渴望。与此同时，我国人口、资源与环境间的矛盾十分尖锐，国际竞争日益激烈以及发达国家的绿色壁垒等当前我国在发展过程中面临的一系列问题与难题促使、加快绿色消费这一理念的提出。

1994年，我国在世界上率先制定了《中国21世纪议程——中国人口、环境与发展白皮书》，共分为20章，其中前几章内容与可持续发展有关，之后几章的内容，例如人口、居民消费和社会服务，可持续能源的生产与消费，自然资源保护与可持续利用，生物多样性保护，荒漠化防治，防灾减灾，保护大气层，固体废弃物的无害化管理，团体及公众参与可持续发展等与环境问题和绿色消费密切相关。

1996年我国制定了《中国跨世纪绿色工程规划》，这是我国1996至2010年的环境工程规划，将环境保护纳入了国民经济的计划中。它要求国家组织有关部门、企业，按照履行国际公约的要求，集中财力、物力以及人力，针对重点地区、重大生态环境问题，实施一系列工程及措施，以局部带动整体，向生态与环境问题宣战。规划要求到20世纪末基本上可以实现遏制生态破坏、环境污染问题不断加剧的目标，使得我国部分城市、地区的生态环境可以得到一定程度的改善，并在2010年得以实现生态环境保护的总体目标。规划共分为三期，历时15年。编制该规划项目的原则是：突出重点环境问题；技术经济上可行；兼顾环境效益、社会效益和经济效益；“污染者负担”，资金投入以企业和地方为主；项目的实施按现行投资管理体制管理。

之后，我国政府提出建设资源节约型、环境友好型社会，贯彻落实科学发展观，统筹人与自然的和谐发展，倡导消费结构升级，推动绿色消费的不断发展。2005年10月，党的十六届五中全会首次提出建设资源节约型和环境友好型社会，这是依据我国的实际国情、借鉴国际上的先进经验而做出的一项重大决策。并将其作为重要战略意义的任务之一。从此，我国致力于资源节约型、环境友好型社会建设，努力实现经济与资源、环境的协调发展。

2010年，党的十七届五中全会明确提出树立绿色、低碳发展理念，推广绿色建筑、施工，发展绿色经济、绿色矿业，推广绿色消费模式，政府实行绿色采购，坚持绿色发展道路。

绿色消费的必要性为理论界一致认可，被明确写入“十二五”规划。《国民经济和社会发展第十二个五年规划纲要》明确要求，坚持建设“两型”社会，注重生态环境保护，推动绿色消费不断发展。纲要指出要推动生产、消费与流通领域的循环发展，促进生产、消费环节的全面发展，把循环经济发展的重点之一放在生活与消费环节，以实现全面建设小康社会的宏伟目标。因此，倡导消费者在选购商品时，选择绿色商品，政府实行绿色采购，注重节约资源、保护生态环境，促进绿色消费的发展。

党的十七大大会第一次将“建设生态文明”写入大会报告。生态文明的建设是项涉及面非常广的工程，涵盖人与自然、社会方面的各要素，需要逐渐转变人类的行为与观念，重视合理、适度地利用自然并采取行之有效的保护措施，创新当前的核算体系及相关制度。党的十七大报告建设生态文明的艰巨任务与发展绿色消费具有共同追求目标。

2012年，原环境保护部响应联合国倡导绿色经济的号召，将当年的环境日主题定为“绿色消费，你行动了吗?”，以强调绿色消费理念，呼吁公众转变消费观念与行为，购买绿色商品，节约能源与资源，注重环保，共建绿色家园。

党的十八大报告第一次单篇地论述了“生态文明”，全国党代会报告首次提出“推进绿色发展、循环发展、低碳发展”“建设美丽中国”。

党的十九大报告特别提出，加快建立绿色生产和消费的法律制度和政策导向，倡导简约适度、绿色低碳的生活方式，反对奢侈浪费和不合理消费。

总之，绿色消费这一理念的提出，与当前世界面临的共同问题以及我国国内的具体背景密不可分。人类的发展必须遵循生态系统的自然法则，合理有效地利用自然与社会调控机制，并借助于人的主观能动性，建立和谐的人与自然关系，从而实现保障生态系统有序演化、人类社会不断发展的双重目的。

第二节　绿色消费的内涵

一、绿色消费的概念

20世纪中叶以来，世界范围内的环境破坏与生态失衡问题日益严重，环境问题和环境保护逐渐为国际社会所关注。1992年6月，联合国环境与发展会议在里约热内卢举行，通过了《21世纪议程》，提出了可持续发展战略和转变消费模式，是20世纪最重要的环境会议之一。绿色消费作为一种国际性消费新潮流也由此开始进入公众视野并蓬勃发展起来。

早在20世纪80年代，国外就有一些学者开始对绿色消费进行研究。对于绿色消费的含义，1987年英国的《绿色消费指南》做了如下解释："避免使用下列产品的一种消费：危及消费者或他人健康的产品；在生产、消费及废弃以后对环境造成破坏或损耗大量资源的产品；过度包装或者使用时间过短的产品；以濒危物种或者珍稀环境资源为原料的产品；在制造过程中存在虐待动物行为和滥捕行为的产品；对其他国家的环境和利益造成损害的产品。"

目前，国际上的绿色消费有三层含义：一是鼓励消费者消费无污染的环保产品；二是在整个消费过程中，对废弃物的处置要合理恰当，而不是一味地丢弃；三是消费在满足人类生理需要和其他方面需要的同时，尽量避免资源的过度消耗与浪费，注重节能和环保，实现消费的可持续性。

近年来随着我国经济发展的逐渐转型，消费的模式也在向着对环境友好、适度的绿色消费发展，结合国际机构及国内专家学者对绿色消费的研究与实践，本书中绿色消费是指以节约资源和保护环境为特征的消费行为，主要表现为崇尚勤俭节约，减少损失浪费，选择高效、环保的产品和服务，降低消费过程中的资源消耗和污染排放。

绿色消费是一种适度节制的、减少对环境破坏的消费，是建立在消费者购买商品过程中对环境和资源加以考虑，通过自身绿色消费意识将消费对环境的负面影响降到最低，并使其长期利益实现最大化的消费行为和消费方式。

二、绿色消费的特征

绿色消费是绿色发展的客观需要和重要组成部分。生产和消费都绿色化是经济新常态的必然选择。绿色消费既促进和引导清洁能源生产、环境保护、污染防治及资源合理开发利用，又促进和引导消费模式转变，消费结构优化升级。

绿色消费，不同于传统消费模式，它是在绿色发展理念支配下的一种新型消费模式。绿色消费反映了人与自然、社会经济与生态环境协调发展，实现了消费者个体利益与环境保护利益相结合，从而可以促进可持续发展。

传统消费模式，把人与自然摆在对立位置，追求数量上的、无节制的消费，从而本质上属于资源耗费型的消费模式，这种消费模式无视资源的节约、回收与再生利用，给环境造成巨大危害，破坏生态平衡，所以是非持续的消费。绿色消费则不同，其特征在于：（1）把人与自然摆在平衡协调的地位，注重保护生态系统。因为人因自然而生，人与自然是一种共生关系，应当把人与自然、人本主义与自然主义统一起来。（2）绿色消费体现人类本身也是一个有机整体的观念，注重人与人的相互关系的平等与和谐。（3）绿色消费具有注重健康、安全。绿色产品是在环保的基础上生产的，符合消费者追求健康的消费心理，可以实现消费者保证安全的要求，这是绿色消费必须具备的本质特征。（4）绿色消费坚持适度性。绿色消费倡导人类树立适度性消费的理念，主张将人类的物质消费保持在经济发展水平和资源、环境可以承受的能力范围之内，是对奢侈性消费的一种否定。绿色消费的此特性要求消费者进行适度消费，使其行为有利于维护生态系统的平衡，尽可能地在实现消费需求；生产者在组织生产经营活动时要尽可能减少资源利用量，推行清洁生产。（5）绿色消费还具有可持续性。在消费过程中，消费应和资源承载力相一致。在已实现物质消费和精神消费双重满足的情况下，消费者会要求更高层次的消费，消费结构将实现不断升级。随着社会主义现代化建设进程的不断推进，人民收入不断提高，消费能力显著提升，因此更应大力发展绿色消费，使可持续发展的成果为全体人民共享。（6）绿色消费强调人的消费需求的多样性和人性的丰富性，注重消费结构和消费方式的变革与优化，倡导和实施人的物质消费需要和精神消费需要的紧密结合。可见，绿色消费注重生态平衡、环境保护、资源不断与有续，以期实现可持续性的消费，达到可持续发展，不仅讲求人与自然的和谐，同时讲求人与人的和谐，而且讲求人的身心和谐与全面发展。

第三节 绿色消费的意义

随着我国经济发展和人民收入水平提高，消费在拉动经济增长中的作用越来越重要，绿色消费是顺应当前发展阶段和具有巨大发展潜力的新型消费。当前，过度消费、奢侈浪费等现象依然存在，绿色的生活方式和消费模式尚未形成，加剧了环境污染、资源枯竭等一系列问题。解决这些问题，需要积极培育资源节约、环境友好又兼顾人类身心健康的绿色消费。绿色消费应用人与自然的和谐理念，建立起一种既能满足自身需求，又能满足整个社会及后代发展的消费方式，尽量减少对自然生态系统有负面影响的生活行为。

因此，积极培育绿色消费，既是顺应消费革命、深化供给侧结构性改革、培育新增长点、形成新动能的重要手段，也是加快生态文明体制改革和建设美丽中国的现实要求。

一、践行绿色消费是对生态文明建设要求和党的十九大精神的贯彻落实，具有深刻的时代意义。习近平总书记在党的十九大报告中提出，要“推进绿色发展。加快建立绿色生产和消费的法律制度和政策导向。倡导简约适度、绿色低碳的生活方式，反对奢侈浪费和不合理消费”。推进绿色消费和绿色生活方式有助于汇聚公众力量，引导全民参与生态文明建设；有助于健全环境治理结构，完善环境治理体系；有助于倒逼发展方式，促进节能减排，有效推进供给侧改革。

二、绿色消费促进经济社会全面健康可持续发展。绿色消费可以促使消费结构日益趋于合理，从而引起消费领域的变革，引导绿色产品市场的出现并促使其加快发展。

绿色消费要求人们不能过度依赖现有的自然资源，要尽量减少使用涉及自然资源的产品。同时，绿色消费还要求消费主体尽可能地提升绿色商品的消费比重，而消费者对于绿色商品的消费需求是需要市场提供品种更加丰富的绿色商品的，包括绿色食品、电视、冰箱、汽车、环保建材甚至是绿色饭店。这些产品的兴起，一方面可以促进消费结构合理化，体现了人类保护生态环境的意识和对现有资源的节约；另一方面也可以促进经济社会发展的绿色革命，全面引导产业的绿色发展，为绿色市场的形成奠定了基础。

三、绿色消费对于推进绿色生活方式具有重要的引领和支撑作用。绿色消费以保护消费者健康权益为主旨，以保护生态环境为出发点，其消费行为和消费方式符合人的健康和环境保护标准的规范要求。

近些年，绿色消费作为我国生态文明建设的重要组成在诸多政策文件中频繁地被提及。2015年，《中共中央关于制定国民经济和社会发展第十三个五年规划的建议》提出“为人民提供更多优质生态产品，推动形成绿色发展方式和生活方式。培养公民环境意识，推动全社会形成绿色消费自觉”；《中共中央国务院关于加快推进生态文明建设的意见》中提出要“培育绿色生活方式。倡导勤俭节约的消费观。坚决抵制和反对各种形式的奢侈浪费、不合理消费”；原环境保护部发布的《关于加快推动生活方式绿色化的实施意见》提出“绿色消费是生活方式绿色化理念的支撑。强化生活方式绿色化意识，在衣、食、住、行、游等各个领域，加快向绿色转变，通过绿色消费倒逼绿色生产，为全社会生产方式、生活方式绿色化贡献力量”。2016年，发改委等十部委联合发布的《关于促进绿色消费的指导意见》提出“积极引导居民践行绿色生活方式和消费模式”。2017年，习近平总书记在十八届中共中央政治局第四十一次集体学习时，就推动形成绿色发展方式和生活方式提出6项重点任务，其中包括：要倡导推广绿色消费。

由此可见，绿色消费活动可将绿色理念和要求传递和渗透到公众生活的各个方面，引导和带动公众积极践行绿色理念和要求，开展绿色生活全民行动。因此，绿色消费是绿色生活方式理念的支撑，是绿色生活方式行动的体现，是促进绿色生活方式形成的核心内容，是绿色生活方式的应有之义。

四、绿色消费有利于促进生态系统的平衡。践行绿色消费可以提高人民生活质量，促进国民素质提高，重新确立人对自然的道德准则，促使人们树立正确的消费观和价值观。

绿色消费注重节约资源与环境保护，主张人类的消费活动要在不危及生态环境的前提下进行，推动经济社会可持续发展，这种消费方式符合人的全面发展的需要，是一种科学、理性和文明的消费。绿色消费会引导人们关注在消费的过程中对资源的合理利用、注重其行为对于生态环境所产生的影响，使人们充分认识到如若人类继续不遵循自然规律进行无节制、毫不顾忌的消费，必然会受到大自然的严厉惩罚，从而推动节约资源、尊重与保护生态环境的科学消费观念的树立。

同时，绿色消费提倡的努力实现人与自然关系的和谐统一还有助于奢侈浪费不良消费习惯的改变，改变以往人们对过度物质消费的盲从，提倡适度消费和健康丰富的精神生活，大大提高人们的身心健康和整体素质，这些都有利于社会的文明与不断进步。因此，当社会成员普遍具有较高的生态、环保意识，并能以此实施自己的消费行为的时候，绿色消费将得以实现。

更为重要的是，绿色消费在党的十九大报告中书写了重要的篇章。报告指出，要牢固树立社会主义生态文明观，加快建立绿色生产和消费的法律制度和政策导向，倡导简约适度、绿色低碳的生活方式，反对奢侈浪费和不合理消费。这是我们党对生态文明建设规律认识的深化，是对符合生态文明消费方式的科学诠释。我们应深刻理解、认真践行党的十九大精神，积极培育绿色消费，以绿色消费助推生态文明建设。

随着我国经济发展和人民收入水平提高，消费在拉动经济增长中的作用越来越重要，绿色消费是顺应当前发展阶段和具有巨大发展潜力的新型消费。当前，过度消费、奢侈浪费等现象依然存在，绿色的生活方式和消费模式尚未形成，加剧了环境污染、资源枯竭等一系列问题。解决这些问题，需要积极培育资源节约、环境友好又兼顾人类身心健康的绿色消费。积极培育绿色消费，既是顺应消费革命、深化供给侧结构性改革、培育新增长点、形成新动能的重要手段，也是加快生态文明体制改革和建设美丽中国的现实要求。

第二章

国际绿色消费的发展

随着全球环境恶化和资源日益枯竭，全球自然资源消耗量持续攀升，不可再生资源和依赖于生态系统的可再生资源都面临着前所未有的压力。自“里约+20”首脑会议以来，人们越来越认识到可持续消费（绿色消费）与生产对扭转资源过度消耗、实现绿色发展发挥的重要推动作用。尤其是可持续消费，已逐渐成为绿色发展战略的组成部分，成为国际社会重点关注的领域。

全球范围已经出现了大量促进可持续消费的政策措施与实践行动。在全球、区域、国家、地方等多个层面进行了大量探索与实践。在全球层面，1992年在巴西里约热内卢召开的“联合国环境与发展大会”和2002年在南非约翰内斯堡举行的“世界可持续发展首脑会议”，为区域和各国推动可持续消费与生产奠定了国际基础。2012年“里约+20”首脑会议又通过了一项有关可持续消费和生产的十年计划框架——马拉喀什进程，建立了一个在全球范围内推广可持续消费与生产的多方对话与合作平台。各国政府还通过开展多边环境协议谈判，推动可持续消费与生产。《维也纳公约》和《蒙特利尔议定书》等国际公约和协议的实施已经促使多国政府制定和实施有关政策和法规，在产品生产、消费和处理阶段减少或限制使用破坏臭氧层的物质，从而减少生产与消费对环境的不利影响，取得了积极进展和良好经验。

第一节　日本在绿色消费方面的成果

一、绿色消费发展进程

日本政府很早就认识到绿色消费模式对解决环境问题的重要性，采取多项措施积极引导政府、企业、市民将产品、服务和消费行为向更加绿色和可持续方向转变。

以20世纪六七十年代的严重公害为契机，环境保护舆论高涨，日本政府从行政组织完善和政府的法规监管开始着手推进环境治理。企业刚开始认为公害治理会增加成本，但是为了应对舆论及监管，减轻因公害诉讼而支付赔偿的风险，开展了治理工作。以涉及产品化学品监管的索尼危机以及产业废弃物非法倾倒事件为契机，企业对供应链绿色化的重要性有了更深的认识。这些努力不仅有益于减轻环境负荷，还有利于削减成本，提高消费者和投资者对企业的评价。政府除推出产品的化学品监管、废弃物的生产者责任延伸制度等单项政策以外，还通过各种环境经济政策，为推进供应链等整个经济的绿色化而采取了相关政策。

为了应对全世界所面临的环境制约，在技术变革之外，日本政府开始创造新价值、社会体系变革等在内的绿色创新。涉及经济与社会的方方面面，将环境保护的观点融入经济与社会活动之中，在促进环保产业投资、技术研发的同时，推进支撑绿色增长的资源保障工作。

2012年4月27日内阁会议决定的第四期环境基本计划中，将推动绿色消费纳入其中：

（1）通过一定的方式，如以价格的形式将环境利用成本充分反映到市场之中，使顾客和消费者优先接受环保型产品和服务。并且，要将环境友好融入消费者、企业、投资者等各种经济主体的经济活动当中，同时提高其积极开展环保工作的能力。

（2）向消费者正确提供环保型产品及服务的相关信息，同时开展环境教育等活动，从而使环保型产品和服务在经济上得到较高的评价，并普及推广到经济与社会的方方面面。

由环境危机引起政府和民众对环境问题的关注，日本政府通过完善法规监管体系、制定国家层面发展规划、利用有效环保工具、开展环境教育提高民众环保意识等方式，逐渐形成日本当前高效节约的绿色消费模式。日本政府采取多项措施推动促进绿色经济、绿色消费的发展，包括：全方位地推进绿色采购、支持环境标志计划、推动绿色金融、环保信息公开、支持中小企业获得环境管理体系、推出环保税收制度等。经过多年的发展，对于解决环境问题发挥了积极作用。下面以与绿色消费联系较为紧密，实施效果显著的政府绿色采购、环境标志计划、绿色金融为例，说明日本绿色消费的现状。

二、成功案例

1.政府绿色采购

（1）绿色采购法：日本绿色采购起步相对较早，先由地方政府制定综合性的绿色采购方针进行试点，再逐步向全国推广。1996年创建绿色采购网，2000年制定关于国家等推进采购环境物品等的法律（绿色采购法）并于2001年4月起开始全面实施。

绿色采购法作为日本构建循环型社会的六大法律之一，旨在建设低环境负荷的可持续发展社会，推进国家等公共机构采购满足一定环保性能的产品和劳务，提供有关环保产品的信息等。内阁会议决定环保产品的判断标准，标准将依照基本方针，考虑环境保护。基本方针考虑从生产到废弃的整个产品生命周期，全面注重减轻环境负荷，努力确保采购物品得到长期使用、正确使用和分类废弃等。截至2017年2月，绿色采购法基本方针共涵盖21个领域274个品种，包括纸类、办公器材、汽车等。日本政府还从税收激励等政策促进绿色采购法的实施，对于生产企业有税制优惠和补贴、建立碳补偿制度，对绿色采购的消费者也给予税制优惠和补贴，提倡购买低碳环保产品。

日本执行的国家绿色采购推进方针，对每个产品都制定了相关的判断标准，即绿色采购标准。在判断标准中，有必要条件也有非必要条件。必要条件主要考虑如下因素：如何在整个产品生命周期中降低多种环境负荷；设定具体指标要求规定各特定采购品目的判断标准；明确各机关采购的产品种类。非必要条件主要是包括在采购中最好能够更加注意的事项。为进一步加大市场绿色化，促进多领域的商品和服务，日本正在研究国家政府绿色采购中高级标准指南的制定。但这个指南并不是强制执行的，而是以对国家机关中环保意识比较高的采购者为对象。这个高标准主要从低碳社会/防止全球变暖、节约资源/物质循环、生物多样性的保护等方面来考虑并制定相应指标。

（2）环保合同法：2007年实施《关于推进国家等签订兼顾温室气体等减排合同的法律》（环保合同法），旨在建设低环境负荷的可持续发展社会，在国家等签订合同的时候，建立促进竞争、同时从价格等方面综合考虑、以环保性能最好的产品和劳务提供者为签约对象的机制。内阁会议决定环保性合同的方法等，依照基本方针，考虑环境保护。重点给予关注的合同包括：电力、汽车（购买及租借）、船舶（采购）、能源、建筑设计、产业废弃物。中央政府等各个机构根据基本方针推进签订环境友好型合同，总结环境友好型合同取得的成果，在此过程中环境大臣还会提出必要的要求。地方各公共组织，依据基本方针制定签约方针，推进签约工作并总结签约成果。从目前实施情况看，限于改造成本、政府补贴和实施难度大的因素，环保合同法在日本还需进一步普及。

（3）地方政府绿色采购：日本《绿色采购法》第10条第1款规定，由地方政府等推进环境物品等的采购。在执行《绿色采购法》时，中央政府、地方政府和企业国民的职责强弱不同，国家及独立行政法人等是义务执行，地方政府等是努力义务执行，企业、国民执行一般性职责，这些职责由强变弱。尽管日本各地方政府对于《绿色采购法》仅负有努力义务，且国家对地方政府的执行情况也没有监管职责，仅定期公布绿色采购的执行情况，但绿色采购产品的实施率还是在不断上升，各地方政府也采取了各种措施推广绿色采购。

东京都政府早在2003年就制定了政府绿色采购的推进方针，同年开始积极宣传并实施。在制定推进方针时主要基于如下原则：东京都环保厅制定政府绿色采购的政策目标、实施细则和商品选择标准；不指定具体的商品和企业。在政府绿色采购过程中实现竞争机制：只有一家生产商的产品不进行采购；采购时要和企业签订合同书，并在合同书中记载相关的内容。主要包括产品的环境负荷等内容；参考国家政府绿色采购的相关政策，每年对推进方针进行修订。修订时主要考虑以下两个方面：国家基准标准发生了变化，东京都厅在实施过程中发现的问题和收到的反馈意见。另外，也制定了购入物品的选择基准。一是物品的基本性质，包括价格、性能、品质、环境负荷的大小等；二是产品实际生产、流通、使用、废弃等过程中所可能造成的环境负荷大小，以及减小相应环境负荷的必要性；三是同类产品之间比较价格、性能、品质，并考虑同等产品的环境负荷的大小；四是推进方针中产品的范围包括消耗品及备用品、租赁品、印刷品、运输。

此外，企业也积极推进绿色采购工作。北海道永旺生态商店按照绿色采购政策采购员工的办公用品及制服和环保商品。此外，还鼓励顾客配合购物中心的绿色实践。同时，还采取了若干绿色环保节能措施，包括环保型的自动贩卖机——通过LED照明，环保型自动贩卖机节约了30%电能，从而降低了用电量；而通过热泵技术，自动贩卖机减少了废热；可生物降解包装材料——购物中心利用可生物降解包装材料进行TOPVALU品牌包装，如生物质（利用玉米及甘蔗等植物材料生产的塑料），使用不排放二氧化碳的生物质包装有助于防止全球变暖；天棚灯——将冷藏柜和冷冻柜与照明间留一定距离，使用省电的节能型天棚灯；自带购物袋活动——（倡议“我的购物篮”“我的购物袋”）大力提倡顾客自带购物袋及购物篮，从而减少塑料袋的使用，此外，购物中心亦出售可循环使用的购物袋及购物篮；二手食用油回收——提供二手食用油回收设备，经过加工处理的食用油回收、处理，可作为汽油的替代品；永旺快乐黄色购物发票活动——购物中心在店内为社区志愿者组织设置捐赠箱，每月11日，请顾客将黄色购物发票放入有意帮助的志愿者组织的捐赠箱，然后计算每个捐赠箱内的购物发票的合计金额，并分别将该合计金额的1%款项捐给各志愿者组织；太阳能——购物中心利用太阳能为店内提供清洁能源；再生塑料车位挡车块——停车场的车位挡车块是用回收再生塑料制成的；天然气热电联产系统——利用环保型系统将天然气转化为电能和热能，并用于商店照明及空调制冷/制热；地热能——通过埋在地下的管道冷却室外空气，为店内提供冷气。希望借此能够将店内室温从32℃降至27℃；生态盘管制冷——利用节能制冷系统监控并利用冷藏冷冻设备释放的热能等。

2.环境标志计划

1989年，在日本环境省的支持下，日本环境协会创立了日本环境标志计划（Eco mark），日本环境协会作为标识的所有者负责环境标志计划管理，其中重点推动环境标志标准的制定和环境标志认证。Eco mark是日本唯一的I型环境标志计划，认证标准是按照产品类别基于产品生命周期多方共同参与制定；认证实施是依据ISO14024标准由第三方认证机构开展。截至2017年8月，Eco mark统计情况如下：

表2-1　日本生态标志现状

标准数	63
认证企业	1521
产品型号	5461
产品产值	440亿美元/年（2012年统计）

日本环境标志标准要求高于政府绿色采购标准，所以通过环境标志认证的产品，即符合政府绿色采购标准的要求。Eco mark在民众中的认知度也非常高，2015年针对5274位，20-70岁的消费者调查结果

显示，超过90%消费者认识Eco mark。

图2-1　Eco mark消费者调查（2015）

日本环境协会对环境标志实施的环境绩效研究表明，环境标志计划对于减缓气候变化，减少CO_2的排放也具有很好的促进作用。从58类产品中挑选了32类用来估算CO_2减排量，结果如下：

表2-2　Eco mark部分产品对CO_2的减排

分类	基线	计算方法	CO_2减排量
原材料更换：原材料由回收再生材料替代（如衣服、文具等，19类）	100%原材料制造的产品	每件产品原材料的使用×原材料的基本单位差异	230000t
原材料使用减少：原材料使用减少的重量（如资源节省的容器等，2类）	生态标签标准	原材料使用的差异×原材料的基本单位	2000t
能源消耗减少：使用过程中节省的能源（如：复印机、打印机、投影仪等，11类）	生态标签标准	能源消耗的差异×电力的基本单位（水使用的差异×水的基本单位）	780000t
总量		1012000t	

数据来源：日本环境协会2014年绩效报告。

第二节　美国在绿色消费方面的成果

一、绿色消费进程

美国对绿色消费发展的关注也相对较早，作为世界上的超级大国，美国的消费市场对绿色消费有着巨大的需求。由于生产技术的更新和消费能力的提升，生产和消费领域都有了飞速的发展，由此产生的对环境和生态的负面影响也在不断扩大，因此，美国开始注重自然环境的保护、资源能源的节约和生态系统的平衡等绿色消费的理念。为了实现良性循环的绿色消费模式的建立，美国订立相关的法律规范给予其制度保障和政策支持，依靠法律的强制性和权威性，实现生产领域和消费领域产生的垃圾和废料的回收循环再利用，如《固体废弃物处置法》《电子废料回收法》《政府采购法》《污染预防法》《清洁水法》《清洁空气法》《资源保护和回收法》《国家能源政策和能源储备法案》以及《环境友好型产品采购指南》等每一部法律都有与之配套的详尽的实施细则，加之社会化程度的不断提高，使得绿色消费的理念被人们所普遍接受，提高了绿色消费的意识，在日常生活中养成了健康的生活和消费方式。

政府在绿色消费的发展过程发挥着不可替代的重大作用。美国政府通过税收的法律手段和大力推动政府绿色采购，在促进绿色消费方面发挥了决定性作用。以下从税收制度和政府绿色采购两个方面说明对绿色消费的影响。

二、成功案例

1.美国环保税收制度

美国将环境保护放在首位，政府对环保给予了大量投入。1971年国会曾提出对排放硫化物征税的议案，20世纪80年代初政府把税收手段引入环境保护领域，至今已形成一整套相对完善的生态税收政策。

（1）生态税收类型

损害臭氧层化学品的消费税：具体来说，对损害臭氧层化学品的征税包括破坏臭氧层化学品的生产税、破坏臭氧层化学品的储存税、进口和使用破坏臭氧层化学品进行生产的生产税，危险化学品生产税和进口化学品税等，该类税收政策于1991年1月1日生效。

汽车使用相关的税收：与汽车使用相关的税收包括汽油税、轮胎税、汽车使用税、汽车销售税和进口原油及其制品税等。汽油税最初并非作为环境税征收，但其实施对环境尤其是空气质量具有明显的改善作用。

开采税：开采税是对自然资源（主要是石油）的开采征收的一种消费税，目的是减少对自然资源的开采和提高资源使用效率，目前已有38个州开征了资源税。

环境收入税：是根据1986年国会通过的《超级基金修正案》设立的，它与企业经营收益密切相关，规定凡收益超过200万美元以上的法人均应按超过部分纳税。

此外还有二氧化硫税、噪声税、塑料袋使用税等。

（2）生态税收优惠

1991年起，23个州对循环利用投资给予税收抵免扣除，对购买循环利用设备免征销售税。此外，美国联邦政府对州和地方政府控制环境污染债券的利息不计入应税所得范围，对净化水、气以及减少污染设施的建设援助款不计入所得税税基。同时规定，对用于防治污染的专项环保设备可在5年内加速折旧完毕，而且，对采用国家环保局规定的先进工艺的，在建成5年内不征收财产税。此外，各州税制中也有有关减少污染的财产税退税规定。美国政府公开表示，环保产品享受出口退税，同时给予出口信贷上的优惠。在税收优惠政策管理方面，美国执行得比较严格。对税收减免，有总的规模控制，并非无限制减免。

（3）生态税收征管与政策实施效果

由税务部门征收，缴入财政部，财政部将其分别纳入普通基金预算和信托基金，后者再转入下设的超级基金——环境保护的专项、最大的一项基金，纳入联邦财政预算，由国家环保局管理。经过多年努力，由于包括生态税收在内的各项环境保护政策的实行，美国已经实现了环境状况的根本好转，环境质量明显提高，自然灾害发生率也有所降低。有关资料显示，虽然美国汽车使用量大增，但其二氧化碳的排放量却比70年代减少了99%，而且空气中的一氧化碳减少了97%，二氧化硫减少了42%，悬浮颗粒物减少了70%。

2.政府绿色采购制度

由于政府采购具有规模化和政策化的导向，对企业经营者的生产方向和消费者的消费行为都产生着深刻影响。美国把政府的绿色采购作为宏观调控的一个重要手段和促进绿色消费发展的重要环节，从而引导和促进市场经济的健康发展。美国政府采购起步较早，已有20多年的经验。每年美国联邦政府的政府绿色采购预算大约是3500亿到

5000亿美元，其中要求95%的采购都必须是绿色采购，这个预算不包括军队采购。美国军队也要求绿色采购，费用单独核算。

（1）美国政府绿色采购法律基础

在整个联邦层面上，美国国会并没有为美国的政府绿色采购进行专项的立法，并且其早期与绿色采购相关的内容也只是散见于各项法律的部分章节之中，未能形成完整的体系。关于这方面的法律主要包括：《1976年资源保护和再利用法》《1986年应急规划和社区知情权法》《1990年污染防治法》《清洁空气法》《1995年国家技术转让和推进法》《2002年农场安全和农村投资法》《国家能源节约政策法》《2005年能源政策法》等等。在这些联邦法律中，通常并不会直接出现与政府绿色采购相关的规定，而更多的是从总体和宏观上的原则性规定以及发展计划，正是因为有了联邦法典的宏观指导，才使得包括后来总统令的签发、《联邦采购条例》的制定和修订乃至于《能源之星计划》《环境友好采购方案》等一系列的政府绿色采购具体措施得以顺利开展。

美国联邦总统的行政命令（President Executive Order）是由美国的行政首脑——总统颁布的用于指导行政官员行动的命令，通过签发一系列的行政命令，总统得以在整个联邦领域内推行自己的施政纲领和治国方略。美国关于政府采购的总统行政命令有10多条，其中较为重要的有：1993年颁布了行政命令《联邦收购、回收和废物预防》。因为这个命令的发布，美国环保部出台了《环境友好采购行动》（EPP），开发产品和服务标准，编制购买指南，开发合同模型和评价工具。2009年10月颁布了行政命令《联邦环境、能源和经济性能的领导力》。这个行政命令进一步扩大了EPP行动的范围：要求供应商和承包商提交温室气体排放报告；在政府采购中优先采购温室气体排放少的产品。2015年2月颁布了行政命令《下一个十年联邦政府可持续计划》。这个行政命令再次扩大了现有的EPP行动范围；要求联邦所属机构要考虑“全生命周期成本效益”：购买可再生能源（或含有可再生能源）；采用可回收产品、节能节水产品、低毒的化学品和材料；采信生态标志产品或标准，如能源之星、水意识计划、智能道路、生物优先计划等。

《联邦采购条例》是由美国联邦服务总署，美国国防部以及国家太空总署联合编撰出版的采购法规，包含了联邦政府采购执行机构进行采购的统一政策和程序。美国所有的中央政府实体进行采购时所需遵循的各项法规以及采购的方式和程序均以《联邦采购条例》的规定为准。在《联邦采购条例》的第23章中为联邦政府的绿色采购制定了专门的规范。共分为九大部分，分别是：能源与水的再生利用以及使用再生能源；危险物质的鉴定以及安全数据库的建立；可回收物质的利用；无毒无害的工作场所；放射性材料的通告；环境友好的产品与服务的合同授予；臭氧层物质的保护；有毒性化工产品的承包商遵循机制；联邦遵守的知情权法与污染防治要求。

2015年，美国总务管理局和能源部共同发布了《联邦可持续产品采购实施指南》。该指南适用于政府采购，主要是讲如何在合同签订前和合同签订后验证承包商符合合同中所要求的可持续性能。2016年，实施了一个绿色检查（green check）的项目。这是为采购人员提供的一个线上工具，向采购人员提供每个产品的绿色性能；建立一个跨部门团队，对每个合同的可持续性进行符合性确认，以帮助采购人员一站式采购。现有1万名联邦工作人员使用了这个工具。

（2）美国政府绿色采购标准认证体系

在政府绿色采购的实践中，如何确保所购买的产品或服务具有真正的节能和环保功效，以及在现实中利用怎样的手段去保证这些产品和服务能够被优先购买成为政府绿色采购顺利实施的关键从，从世界范围内各国政府绿色采购的发展状况来看通，通过建立绿色标准和认证体系，以及运用多种绿色采购优惠方法提升绿色产品及服务的竞争力成为解决问题的主流选择。实践中通过由美国国家环保局发布并推广的环境友好型采购计划（Environmentally Preferable Purchasing，简称EPP），以及能源之星计划（Energy Star Program），电子产品环境评估工具（Electronic Product Environmental Assessment Tool，简称EPEAT）等计划的开展，建立起了完善的绿色标准认证体系。

（3）环境友好型采购计划（EPP）

环境友好型采购计划（EPP）是美国国家环保局依据第12873号总统令于1993年发起购买“环境无害”产品的计划。所谓“环境无害”，是指对人类健康和生存环境有关的产品或服务与适用于同一目的、相互竞争的产品和服务所进行的比较，相关的不利影响有了减少或降低。这种比较可以考虑产品或服务的原材料采购、生产、制造、包装、分销、再利用、操作、维修或处理等各个环节。EPP的主要功能在于它为联邦政府各机构在设定环境无害采购时提供了广泛的指导意见。就具体采购来说，适用采购方式取决于多种考虑因素，如：产品的环境属性由哪些部分构成，如何在产品的性能和成本之间做出最优的选择，在采购实践中究竟是选择合同谈判抑或是公开招标的方式才最合适以及采购金额的范围、采购准入机制的要求等。联邦机构的采购人员在对产品进行考察时必须将EPP的指导意见与自身的专业知识构成结合起来，以减少或消除对环境有害的属性和营造健康的生存空间为己任，从源头上控制污染，以求达到最优的效果。在EPP的定义中，创建一个洁净安全的生存环境被视为政府绿色采购需要达成的主要目标，为此，每年5000亿美元的采购资金被用于节能环保产品市场的开拓（大至汽车，小至办公文具），美国联邦政府利用强大的采购力量支撑着EPP的发展。

EPP计划也会通过采信通过生态标志认证的产品，确认产品符合环境友好的要求。目前美国会考虑以下三种类型的生态标志：

◇ 多属性标志：多属性生态标志的标准大多是由行业协会建立，标准覆盖产品的整个生命周期，由第三方按照标准对产品进行认证，例如美国绿色印章（Green Seal）、绿色建筑（Leed）等。这个标准包括了原材料、能源的使用、水的使用、产品的生产过程、产品的使用和管理等对环境的影响。最开始只有清洁产品和计算机两类标准，逐渐建立了石膏板、瓷砖、弹性地面、移动设备、门和家具等标准。

◇ 单一属性标志：单一属性标志在美国应用得非常广，这类生态标志都是联邦政府创建并制定标准，由第三方进行认证。包括能源之星，水意识计划等。

◇ 环境声明：主要应用在回收废物方面。企业对废物回收的种类、废物的转移、有机性、非氟化物等进行声明，通过企业自我声明和第三方认证两种形式，确认满足要求。

（4）地方政府绿色采购案例

美国各州、市政府也有制定本地政府绿色采购法律法规的职能，各州市政府根据本地区情况，开展相应的政府绿色采购行动。在美国城市中，波特兰、华盛顿、旧金山三个城市在可持续采购方面做得较好。也有一些州政府开始进行协作采购，通过协作采购可以降低成本、扩大采购能力，有更好的谈判权。在美国西部成立了一个西部采购联盟，是全国政府采购协会的一个分支机构，这个采购联盟由15个西部州的全国政府采购协会理事组成。联盟组织不同的州开展一些协作采购，以降低绿色产品的成本。

旧金山：发布了《旧金山绿色采购条例》，要求市政府工作人员必须购买绿色产品，并为工作人员提供在线指南帮助，帮助工作人员：选择绿色产品需求、提高绿色产品采购、查找城市的绿色采购规范、访问城市绿色采购报告等。

华盛顿：每年或者每两年发布一个可持续的报告，主要是介绍市政府在气候变化、能源、绿色建筑和环境采购方面的工作进展。在2013年的年度报告中，介绍了3年来，使用e-mall传递文件和双面使用复印纸节约了20多万美元，节省了20%的复印纸。

波特兰：从2002年开始，波特兰运输局对城市的7100个单车位停车计时表替换成多车位太阳能智能计时表，这种太阳能智能计时表，在阴天和雨天的时候利用储存的太阳能进行工作。目前，波特兰已有了1330多个车位太阳能智能计时表。

3.电子产品环境评估计划

电子产品环境评估计划是美国环保总署为了应对大型机构对于电

子产品日益高涨的采购需求，而联合美国地方政府以及多家知名的企业共同筹措推出的对电子产品在其使用周期内的环境影响水平而进行评估的工具。从2006年正式启动至今，在电子产品领域内，包括戴尔、惠普、苹果、联想、三星和LG在内的多家知名企业都已经接受了EPEAT的标准体系，而与能源之星相似，EPEAT同样走出了国门，目前世界上的许多国家都将EPEAT标准适用到了自己国内的电子产品领域。自2006年以来，EAPET注册产品的全球采购量已达到9.934亿，相对于不符合EPEAT标准的电子产品，EPAET注册产品取得的环境绩效也是非常显著，2015年发布的EPEAT注册产品环境绩效如下表所示：

表2-3　EPEAT注册产品环境绩效（2015）

温室气体减排	有害物质减少	节省原料	固体废物减少	节约电能	废水排放减少
760 万吨	9.76 万吨	1520 万吨	20.5 万吨	419 亿千瓦时	5790 万吨

数据来源：EPEAT 网站：http：//green electronics council.org。

4.能源之星计划（Energy Star Program）

是由美国能源部和环保总署共同开展的产品节能标识体系，其目的在于节约采购资金、促进节能产品的推广和应用以及推动环境保护。能源之星的认证标准是非强制性的，达到相关生产要求的企业就可以在其产品上贴上能源之星的标签。自1992年启动以来，能源之星的认证范围已经从最早期的电子产品（主要是电脑）领域，扩展到目前办公设备、照明灯具、家用电器、房屋建材产品5大类60类终端耗能产品。

“能源之星”计划主要通过区域能效组织、产品制造商、零售商、建筑商与环保署和能源部签订合作伙伴协议，推动全社会来节约能源。截至目前，美国已有两万多家公共和私营机构参与了该计划。其中，超过1600家制造商使用该标识，区分4万多个产品模型；超过1400家零售商推广能源之星产品及相关信息；超过8400家建筑商的新建房屋取得能源之星认证；超过5800家私营企业、公共部门和工业企业积极提高其建筑与设备的能效；超过700家能效计划的组织者投资支持“能源之星”。“能源之星”计划在美国已经深入人心，得到了约80%民众的认同，取得了显著的环境和经济效益。2010年，美国通过该计划减排了1.7亿吨温室气体，相当于3300万辆汽车的排放量，节省了大约180亿美元。

第三节　欧洲在绿色消费方面的成果

一、绿色消费进程

在欧洲，人们面临一系列环境挑战，包括消费和生产对环境、健康、气候和自然资源的不利影响。这些与消费和生产有关的挑战是能源和资源需求不断增长和人口增长的结果。这些不断增长的需求与人们的生活方式以及它对消费的影响直接相关。

绿色消费是一种节约资源、减少污染、可持续的消费模式。它包括的内容很广，不仅包括通常意义的消费环节，还包括绿色产品、物资的回收利用、能源的有效利用以及对生存环境和物种的保护等，涵盖生产行为和消费行为的方方面面。

绿色消费有三层含义：一是倡导消费者和企业选择未被污染或有助于公众健康和自然环境的绿色产品；二是在消费和产品生产销售过程中关注相关废弃物的处置，不造成环境污染；三是引导消费与生产者崇尚自然、追求健康、注重环保、节约资源和能源，实现可持续消费。

1.欧盟地区主要环境标志背景及发展

环境标志计划就是针对可持续消费与生产的有力工具之一，较先开展此项工作的欧洲各国包含了德国、法国、北欧四国等近10个国家。欧盟地区最主要的三个环境标志分别为，欧盟之花、德国蓝天使以及北欧白天鹅。在欧洲绿色消费成功案例章节中，我们将重点介绍德国的蓝色天使环境标志。

2.环境标志对可持续生产与消费的贡献

可持续生产与消费（SCP）是为了促进资源和能源效率可持续的基础设施，并提供基本服务，绿色和体面的工作，以及更好的生活质量。它的实施有助于实现总体发展计划，减少未来的经济、环境和社会成本，增强经济竞争力，减少贫困。

可持续的消费和生产的目标是“用更少的资源做更多更好的事情”，通过减少资源使用、降低污染和污染的整个生命周期来增加经济活动的净收益，同时提高生活质量。它涉及不同的利益相关者，包括商业、消费者、政策制定者、研究人员、科学家、零售商、媒体和发展合作机构等。它还要求从生产商到最终消费者，在供应链中运作的参与者之间进行系统性的合作。它包括通过对可持续消费和生活方式的认识和教育来吸引消费者，通过标准和标签向消费者提供足够的信息，并参与可持续的公共采购等（UN，2017）。

环境标志计划的实施对可持续消费和生产的发展具有巨大的推进作用和贡献。

3.环境标志标准的高水平环境绩效

首先，欧盟环境标志法令对各产品组标准的环境绩效要求很高，在欧盟最新的2010版环境标志法令中的环境绩效明确针对的是欧洲市场前10%–20%的产品。其次，条例中还规定了通过对产品生命周期评价确定并关注主要的环境影响因素，定期量化和评估标准与市场平均水平相比的先进性。另外还需要与利益相关方协商有关技术、参数报告等问题，以确保标准具有高水平环境绩效要求的同时具有适用性。

德国蓝天使的标准制定同样将环境绩效值设定在市场产品水平的前20%～30%，并且作为全球最严格的环境标志之一。德国蓝天使在制订标准时对产品种类的选择也侧重于对环境危害的考虑，可通过采取环保措施具有明显降低环境影响的产品类别展开标准制定工作。其产品/服务标准的基本原则要求是：

◇ 与其他达到同样性能的产品具有可比性；

◇ 从整个生命周期分析产品的生产与使用，与其他产品在环境友好方面有所区分；

◇ 尽量不使用有害物质；

◇ 环境标志产品/服务的推广。

对具有高环境绩效的产品和服务的推广可以从两个不同的角度考虑——直接的和间接的。直接推广包含了标准制定的高水平环境要求，以产品/服务的环境绩效为核心，推向欧洲市场。

相关政策的作用也不容忽视。欧盟委员会以及德国环境部均发布了绿色公共采购政策，其中分别涵盖了对欧盟之花以及蓝色天使产品/服务的相关内容，被纳入采购的产品/服务作为更强有力的可持续生产与消费工具，致力于德国、欧洲乃至全世界的可持续生产与消费。

此外，《欧盟环境标志条例》中的第12条款专门就如何推广环境标志做出要求。欧盟要求各成员国针对推广环境标志积极完成以下活动：

◇ 为消费者、生产者、制造商、批发商、服务提供者、公众购买者、贸易商、零售商和普通公众提供的宣传活动、信息和公共教育活动。

◇ 鼓励实施该计划，特别是对中小企业，支持该计划的发展。

◇ 欧盟环境标志网站，提供了基本信息和宣传材料，以及在哪里购买欧盟环境标志产品的信息。

其中，明确各成员国环境标志主管机构应该完成的关键活动包括：

◇ 组织推广欧盟环境标志（一般或产品组）的研讨会；

◇ 参加博览会和活动；

◇ 组织针对目标产品群体的活动；

◇ 在报纸和杂志上发表文章；

◇ 制作电视节目和纪录片；

◇ 注重社交媒体（尤其是脸书）的宣传；

◇ 与北欧环境标志（白天鹅）开展合作。

而间接推广则与具有高水平环境绩效的产品/服务的广泛使用有关，消费者的认知提升，则间接提高了高水平环境绩效的发挥。因此，环境标志产品/服务能够间接影响市场，推动消费者的环境意识。此外，从一般层面上来看，更多的环境标志利益相关方也能更广泛地接受和推广环境标志产品/服务，这些人包括消费者、企业、经销商、公共采购方等。

作为世界环境秩序的平衡器和主导者、可持续发展战略的倡导者和实践者，欧盟率先将可持续消费和生产列为其可持续发展战略的七大挑战之一。欧盟提出的《里斯本战略》《共同体里斯本计划（2008-2010）》《第六个环境行动计划（2002-2012）》等战略计划，将可持续消费和生产作为优先关注的重点领域。

2010年3月10日，欧洲议会通过了《欧洲2020战略》，其主题是实现智能、可持续性和包容性增长战略。其中可持续性增长指实现资源效率型、更加绿色和更具竞争力的经济。努力向低碳经济转型，创建资源节约型社会，强化企业的竞争优势，并让消费者重视资源利用效率。运用相关政策和基于市场机制的政策工具改变企业和消费者的生产和消费方式，以实现节能减排，防止环境恶化、生物多样性丧失和资源的不可持续使用。

欧盟2011年底发布《生态创新行动计划》(ECOAP)取代了原来的《环境技术行动计划》(ETAP),其目标是推动生态友好型科技创新,促进市场的认可和采纳,加强监管和提高各相关方的生态创新意识,从而减少对环境的破坏。同时,为了更好地分析评价可持续消费的实际效果,欧盟专门设计了《可持续消费和生产指标》。宏观政策的引导和有效的评价措施切实推动了欧洲绿色消费的发展。

由于现有市场驱动力和工具(能源标签、生态标签和消费者信息)无法激励生产商开发创新高效设计方案,欧盟于2005年引进了《生态设计指令》。生态设计指令建立了产品生态设计强制性标准框架,以产品生命周期理念为基础要求各行各业对产品进行生态设计;该指令也是极少数既能提高能源又能减少二氧化碳排放的政策工具。

除了欧盟层面的政策和措施,欧盟一些国家还采取了国家层面的战略。根据2007年对欧洲国家可持续消费和生产战略的调查显示,所有战略都采用了相似的措施和行动,包括生态标签、政府绿色采购、对消费者进行资源退化、污染和废物等知识的普及和培训。欧洲采用的促进可持续消费和生产的政策措施一般包括监管措施、经济措施和信息化措施。每种措施又分为强制性措施和自愿性措施两类。欧洲很少在可持续消费领域采用监管类措施(如禁令)。当然也有例外,比如对有损人类健康与环境的产品进行限制,其中一个成功案例是在欧洲范围内禁止使用危害环境的白炽灯泡。欧洲还有一些禁止某些消费行为的规定,比如要求进行家庭垃圾分类、禁止将不同垃圾混合(如食物残渣、电池和塑料)。

经济类措施主要是政府通过税费或公共支出促进绿色消费。这类措施往往通过定价或改变购买行为来消除环境外部影响。例如,英国政府通过建立“碳基金”“减排基金”和“碳信托基金”来解决企业环境污染治理的融资问题，其目的是帮助企业减少二氧化碳的排放，提高能效，投资低碳技术，减少环境污染。另外，如果企业和研究机构研发能源新技术和产品，英国政府给予其费用总额70%的资助。居民改造老旧燃炉，英国政府补贴40%费用，对采用可再生能源供暖的家庭户均补贴1000英镑。

政府通过财政投入促进公共交通的发展，同时利用税收手段促进居民的绿色出行。比如，英国自2008年起开征机动车环境税，根据机动车二氧化碳排放量征收机动车环境税，鼓励消费者选择低碳排放汽车。此外，一个重要的经济工具是奖惩制度，即对购买绿色产品的消费者进行补贴或免税，而对购买非环保产品的消费者收取额外费用。

信息化措施也极少强制披露产品的环境信息。但是欧盟和国家广告法是个例外。该法要求规范使用环境声明和营销术语（比如“有机”等字样），属于强制性信息工具。欧洲使用较多的是自愿性信息工具，包括产品生态标签（国际标准化组织一类）、环境产品声明（国际标准化组织三类）、有机产品标签、针对消费者的建议和教育等。

另一个政策工具就是政府绿色采购政策。政府采购涉及强大的购买力，平均占经济合作与发展组织成员国12%的国内生产总值；在许多发展中国家，则占国内生产总值的30%。通过采购更可持续的商品和服务影响这一购买力，可以推动市场的可持续发展，减少组织的不利影响，并且还有益于环境和社会。世界各国领导人2015年正式批准了《2030年发展议程》。《2030年发展议程》的核心是实现“联合国千年发展目标”应该满足的17项可持续发展大目标（Sustainable Development Goals），并且考虑可持续发展的三大支柱：经济增长、社会发展和环境保护。可持续发展目标重申环境保护、可持续发展与政府采购之间的紧密联系。实际上，第12项关于可持续消费和生产大目标的具体重点目标之一就是“根据国家政策和优先工作，推动可持续的政府采购工作”。因此，可持续政府采购的进展是国际社会实现更加可持续的生产和消费全球努力的主要战略组成部分。

可持续政府采购利益相关方的期望是可持续政府采购活动在不久的将来持续增加。在未来几年，我们期望看到各国将更加关注环境标志和标准，同时对有关工作进行监测和报告。考虑到全球环境政策领域当前的政治推动力，可持续政府采购的实践者还将面临这样的挑战，即找到满足减缓气候变化目标的可持续采购战略方法。研究出生命周期成本核算方法和采购职能的专业化对于实现这个目标将非常有帮助。

可持续政府采购的实施已经产生了成效，各国政府采购工作方式已经发生了转变，进行了越来越多的专业化实践，导致更加战略性和透明的方法和过程。

许多国家都出台了政府绿色采购政策，引导和促进环保产品的生产与消费。例如，英国对可再生能源电力实施政府采购，推动可再生能源电力的发展。英国政府的绿色采购占政府采购的份额超过了30%。

二、绿色消费的成功案例

1.欧盟2020年政府绿色采购项目（PRO LITE）

这是欧盟当前资助的项目。当局将与生产商进行紧密和高效的合作，以生产更好的创新性产品和服务。执行该项目的主要国家包括意大利、德国、英国，项目将支出15亿欧元。这个项目进行的过程包括：1）进行内部需求分析；2）采用最先进技术；3）尽早进入市场（了解市场）；4）制订规定或要求；5）采购（创新性）产品。

总之，欧盟通过这个项目将采购那些能证明具有最佳生命周期成本和绩效的绿色产品。

2.德国“蓝色天使”

德国是最早开展环境标志认证的国家。1977年由德国内务部、联邦环境部发起了名为“蓝色天使”的环境标志计划。1986年该计划转由联邦环境、自然保护和核安全部负责。“蓝色天使”环境标志计划由环境标志评审委员会（Jury Umweltzeichen）、联邦环境保护局（Umweltbundsamt）和德国质量保证与标志研究所（RAL）三个机构倡议发起。Jury Umweltzeichen是一个决策机构，由来自科学界、商界和环境团体、消费者协会、手工业、贸易联合会、工业、新闻媒体、商贸及德国的地方代表组成，该委员会由德国环境、自然保护和核安全部任命。联邦环保局是一个环境科研组织，而德国质量保证与标志研究所是一个非营利性的标准组织，创建于1925年。截至1999年12月，德国有效的环境标志标准共85项，来自国内外800多家企业的3800种产品获得“蓝色天使”认证。

（1）使用获得“蓝色天使”标志的再生纸

纸的回收利用是保护有价值资源的有效工具。在保证通常用途和纸张质量的情况下，再生纸节约了60%的能源和水资源。

在过去几十年间，德国为再生纸颁发了“蓝色天使”标志。除了原材料产地，蓝色天使还考虑了纸张生产和利用过程中的环境和健康影响。再生纸要获得蓝色天使环境标志，必须100%利用废纸生产。这意味着再生纸张生产过程节约水和能源，保护了森林，并且促进了资源的循环回收管理。另外，获得“蓝色天使”环境标志的纸张产品在废纸回收利用的选择过程中必须满足严格的要求。在生产过程中特别严格地限制化学品和添加剂的使用。因此，使用获得“蓝色天使”标志的再生纸产品，是德国消费者和用户最为环境友好的选择。

由25家著名公司成立的组织“鼓励回收纸利用行动计划”（Initiative Pro Recyclingpapier）从2000年以来一直推动企业和城市使用带有“蓝色天使”标志的再生纸。“鼓励回收纸利用行动计划”得到了德国联邦环境部（The Federal Environment Ministry）、德国城市协会（The Association of German Cities）、德国城镇和市政协会（The German Association of Towns and Municipalities）、德国大学协会（The German Association of Universities）以及联邦环保局（The Federal Environmental Agency）的大力支持。德国超过100座城市和39所大学报告了他们2017年的纸张利用量和再生纸利用的百分比。

（2）设立“蓝色天使日”

2017年10月25日，德国联邦环境部、德国环保局、环境标志评选委员会和德国RAL gGmbH：德国质量保证与标志认证协会呼吁设立“蓝色天使日”（Blue Angel Event Day）。他们希望提供这样一个平台，政治、经济和社会领域的单位和个人通过这个平台可提高可持续消费意识，并且强调“蓝色天使”在采购中发挥的指导作用。

通过座右铭“对我好，对环境也好”（Good for me, Good for the environment），德国“蓝色天使”邀请名人担任环境大使，在其网站上通过“请你参加活动”（And You? campaign!）请公众支持他们，并且表现出“你如何在日常生活中为环保做出贡献”，展示“你的环保承诺”，“自己也成为新的环境大使”。

（3）2017年“蓝色天使从学校做起运动”

“蓝色天使从学校做起运动”（School-Start with the Blue Angel）在2017年夏季再次激励小学生和老师使用100% 回收纸生产的螺旋装订的笔记本、练习本等，而不使用新纤维纸浆生产的记事本和练习本。这将节约大约60%的能源和70%的水。我们很容易做出喜欢使用100%回收再生纸的决定，因为再生纸从三个方面保护环境：1）节约木材；2）节约水资源；3）有利于减缓全球气候变化。

“蓝色天使从学校做起运动”提供了务实思路。其中一项活动是“蓝色天使市场调查”（Blue Angel Market Check）。这项活动鼓励学生和环境保护团体调查本市商店内回收纸产品的供应情况。学生给本地没有供应回收纸产品的那些文具店一张“蓝色卡片”。“蓝色天使市场调查”的目的是鼓励文具店出售环境友好认证的纸质产品。

3.欧洲服装业的绿色消费

瑞典大众时装公司H&M从高层管理人员做起，将可持续发展纳入公司的发挥模式中，由专人负责，设立了“可持续发展经理”。该公司最近建立了一种新制度，顾客不再使用的衣物、旧床单和毛巾，装进塑料袋，交给H&M门店。H&M公司的宣传材料这样写道：“尽管95%可以再利用，每年仍然有不知多少吨旧衣物和纺织品进了垃圾箱。我们启动H&M纺织品收集活动。通过重用和再利用，使它们获得新的生命。”

H&M公司的宣传材料这样号召大众参与该项活动：“你若有用过的衣物或纺织品，无论程度好坏或是过时，不要将其扔掉或囤放在柜子里，请将其交给我们。收集来的纺织品由我们的合作伙伴进行手工检验和分类。目的是不浪费任何纺织品。破损程度高的纺织品经过处理，可以成为新型原料或新产品。若不能再利用，它们将用于生产新能源。交上一包旧纺织品将得到一张凭证（购买一件新衣服可减价15%），以奖励你支持我们参与循环经济。”H&M公司的婴幼儿服装全部采用“环保布料”。环保布料的生产过程不用化肥或人工化肥，有些布料来源于收集来的纺织品。质量完好的经过清洗、消毒、熨烫后再销售。质量差的经过挑选、检查和加工，制成有机纤维，再进行衣物生产。这样比利用耕地生产的棉花要节约大量水资源。这种环保服装的价格与其他产品相似或更便宜。H&M公司在全球共有3300家分店，实力强大。如果整个时装业都参与，将会实现服装业的循环经济和绿色消费革命。

第四节　经验总结和国外的发展方向

一、经验总结

通过对日本、美国、欧洲绿色消费模式及案例的分析可以看出，推动绿色消费主要有以下几方面。

1.从联盟或国家层面制定推动绿色消费的法律法规或战略计划

欧盟提出的《里斯本战略》《共同体里斯本计划（2008-2010）》

《第六个环境行动计划（2002-2012）》等战略计划，都将可持续消费和生产作为优先关注的重点领域；欧盟2008年底制定并颁布了《可持续消费、生产和产业行动计划（SCP/SIP）》；2010年3月10日，欧洲议会通过了主题为实现智能、可持续性和包容性增长战略的《欧洲2020战略》；2011年底，欧盟发布《生态创新行动计划》（ECOAP）取代了原来的《环境技术行动计划》（ETAP），其目标是推动生态友好型科技创新，促进市场的认可和采纳，加强监管和提高各相关方的生态创新意识，从而减少对环境的破坏。

欧盟的一些国家在欧盟层面的政策和措施之外，还采取了国家层面战略。政策措施一般包括监管措施、经济措施和信息化措施，每种措施又分为强制性措施和自愿性措施两类。欧洲很少在绿色消费领域采用监管类措施（如禁令）。当然也有例外，比如对有损人类健康与环境的产品进行限制。经济类措施主要是政府通过税费或公共支出来促进绿色消费。这类措施往往通过定价或改变购买行为来消除环境外部性。信息化措施极少强制披露产品的环境信息，使用较多的是自愿性信息工具，包括产品生态标签、环境产品声明、有机食品标签、针对消费者的建议和教育等。

日本2000年制定了关于国家推进采购环境物品等的法律（绿色采购法）并于2001年4月起开始全面实施；2007年实施“关于推进国家等签订兼顾温室气体等减排合同的法律”（环保合同法），旨在建设低环境负荷的可持续发展社会，在国家等签订合同的时候，建立促进竞争同时从价格等方面综合来看以环保性能最好的产品和劳务提供者为签约对象的机制；制定并实施《21 世纪金融行动原则》，为了更好地处理日本环境部门与金融部门的关系，环境省于 2010 年发布了《环境与金融：金融部门在建设低碳社会中的新作用》，提出了环境金融行动原则，鼓励绿色金融广泛应用；2011年10月，为了扩大环境友好的投资融资等，通过了金融机构自发签署的《面向可持续社会建设的金融行动原则》(21世纪金融行动原则)。

美国为了实现良性循环的绿色消费模式的建立，订立相关的法律规范给予其制度保障和政策支持，依靠法律的强制性和权威性，实现生产领域和消费领域产生的垃圾和废料的回收循环再利用，如《固体废弃物处置法》《电子废料回收法》《政府采购法》《污染预防法》《清洁水法》《清洁空气法》《资源保护和回收法》《国家能源政策和能源储备法案》以及《环境友好型产品采购指南》等每一部法律都有与之配套的详尽的实施细则。

这些联盟或国家层面制定的法律法规或战略计划使得绿色消费的理念逐渐深入人心，被人们所普遍接受，提高了人们绿色消费的意识，在日常生活中逐渐养成了绿色的生活和消费方式。

2.环境标志（生态标签）计划是推动绿色消费的重要工具

环境标志（生态标签）计划是推动绿色消费的有效工具之一。欧洲各国较先开展此项工作的有德国、法国、北欧四国等近10个国家。欧盟地区最主要的三个环境标志分别为：欧盟之花、德国蓝天使以及北欧白天鹅。

欧盟环境标志法令对各产品组标准的环境绩效要求很高，在欧盟最新的2010版环境标志法令中的环境绩效明确针对的是欧洲市场前10%-20%的产品。其次，条例中还规定了通过对产品生命周期的考量确定并关注主要的环境影响因素，定期量化和评估标准与市场平均水平相比的先进性。

德国蓝天使是世界范围内有关环境和消费者保护的第一个标志体系，它是一个自愿性的工具，用来推动产品创新和绿色消费。它是产品性能和环境绩效等方面的标准，包括在环境保护、健康保护、工作场所安全、产品安全以及使用效率等方面都设定了标准。它也是一个公共品牌，有了这个品牌，人们就会有极大的信心。同时，它也得到了德国政府的支持，有极高的透明度和认知度。它采取了与多个利益相关者合作的方法，是推动绿色消费的里程碑。

北欧白天鹅生态标签致力于为绿色消费做贡献。消费者可以通过选择贴有生态标签的产品和服务参与到可持续发展的社会建设中来。制造商也可以通过使用生态标签来制造环境友好型产品和提供环境友好型服务，为实现可持续生产做贡献。

欧盟生态标签又名“欧盟之花”，旨在通过全生命周期评价来识别环境友好型产品和服务，鼓励生产商设计和生产环保产品，为消费者提供更多的环保选择。虽然该标志是以法律形式推出的，但生产商可自愿申请。目前，在欧洲经济区销售的产品或服务皆可申请欧洲生态标签，该标签覆盖了除食品和药品之外的大部分消费者日常生活用品。欧盟生态标签基准在开发时只覆盖当前市场上环境友好型产品的前10%-20%。该机制涵盖了除食品和药品之外的大部分产品组，包括洗涤剂、纸巾卷、笔记本电脑、电视机、影像设备、服装和旅游住宿服务等。

日本环境标志在民众中的认知度也非常高，如前所述，2015年针对5274位20-70岁的消费者调查结果显示，超过90%消费者认识Eco mark。而且日本环境标志实施的绩效表明，环境标志计划对于减缓气候变化，减少CO_2的排放也具有很好的促进作用。

美国“能源之星”计划主要通过区域能效组织、产品制造商、零售商、建筑商与环保署和能源部签订合作伙伴协议，推动全社会来节约能源。“能源之星”计划在美国已经深入人心，得到了约80%民众的认同，取得了显著的环境和经济效益。美国绿色印章（Green Seal）宗旨是为创造一个清洁的世界而推动环保产品生产、消费及开发，美国国内外的公司均可申请该标签。绿色徽章组织也鼓励公司及其他大型买方成为其“环境合作伙伴计划”（Environmental Parters Program）的成员。该计划的目的正是为了获得企业、政府及其他组织机构关于环保产品的信息，以制定环境友善采购政策（environmentally sound procurement policies），并保证购买具有更优环保性能的产品。目前在世界各国的各类建筑环保评估、绿色建筑评估以及建筑可持续性评估标准中美国的绿色建筑（LEED）被认为是最完善、最有影响力的评估标准。LEED成功的商业运作和市场定位得到了世界范围内的认可和追随，如今它已经成为全球默认的主流绿色建筑评级体系，得到全球不同气候带国家的认可。

除欧盟、日本和美国之外，目前，已有新西兰、澳大利亚、加拿大、俄罗斯、韩国等近40个国家和地区推出了环境标志制度。

国际经验表明，环境标志已经在推动绿色消费和生产方面发挥了积极的作用，充分利用环境标志这一供应商和消费者之间环境信息交流的可靠工具，能够增强人们的绿色消费意识、改善企业的绿色生产水平。

3.推行政府绿色采购制度

日本被认为在绿色政府采购方面做出了很多有影响力的工作。

1994年日本制定实施了绿色政府行动计划，拟定了绿色采购的基本原则，鼓励所有中央政府管理机构采购绿色产品。为推动此项行动计划，1996年日本政府与各产业团体组成了日本绿色采购网络组织（GPN），参与该组织的会员团体承诺将通过购买环境友善物品及服务，减少采购活动对环境的不良影响。GPN的活动主要包括颁布绿色采购指导原则、拟定采购指导纲要、出版环境信息手册、进行绿色采购推广活动等。这种由政府部门、民间企业、社团组织共同组成的绿色采购团体和联盟，在政府、企业和消费者之间宣传绿色采购观念、提供绿色采购信息以及会员间的信息交流等方面起到很好的作用。

美国从20世纪90年代初以来已经先后制定并实施了能源之星计划、生态农产品法案、环境友好产品采购计划等一系列绿色采购计划。美国政府尽管还没有制定绿色采购法，但政府采购法第23章专门做了规定，该章的名称是“环境、自然保护、劳动安全和无毒的工作场所”，主要内容就是绿色采购规定，如23.904款明确指出，采购那些对人民健康和环境影响最小的产品和服务是政府的采购政策。美国政府主要以联邦法令与总统行政命令作为推动政府绿色采购的法律基础，如美国总统第13101号行政命令“透过废弃物减量、资源回收及联邦采购来绿化政府行动”，以及美国资源保护与回收法（RCRA）。

许多欧盟国家的政府开展主动性环境采购计划已经有10多年了，各国之间的绿色采购合作也日益密切。为了避免混乱、进一步协调各国的行动，2004年8月，欧盟委员会发布了“政府绿色采购手册”。该手册主要用于指导欧盟各成员国如何在其采购决策中考虑环境问题，为此欧盟委员会还建立了一个采购信息数据库，到2006年信息库中已有100多类产品的信息，包括产品说明书、生态标签信息等，还提出了一般采购建议。欧盟通过《政府绿色采购手册》统一了绿色采购纲领。

各国推动政府绿色采购的方式大致可分为两种模式：一种是由国家政府确立政策方向，指导次一级政府进行采购。如法国由中央管理机关制定采购计划并向基层部门贯彻；丹麦、日本由国家推出可持续采购国家政策。另一种是指导地方政府与民间的组织与团体推动绿色采购，即以地方团体自发的绿色采购行动为主导，政府仅属于辅导协助的地位。如主要为民间体参与的瑞士负责协调建筑业采购的联邦建筑物组织会议（KBOB）。

此外，各国采购机制也有所不同，如以英国为代表的集中采购和以德国为代表的独立采购，前者由专设的采购部门执行政府的绿色采购、或由几个政府部门实施联合采购以取得批量采购的价格优势；后者通过各级地方政府的独立采购在选择产品时更具有灵活性和竞争性。

4.通过金融税收等手段助力绿色消费

日本为支持绿色金融发展，具体通过以下两种方式实现环保产业和金融市场互动：一是将资金用于环境保护事业的投融资，包括以引进新能源设备为目的融资，对环境类创业投资企业的投融资等；二是评价和支持将环保意识融入企业行为的经济主体，开展环境评级融资和社会责任投资，对低碳企业提供融资便利，支持和推进环保事业。日本还在国家层面组织绿色信贷工作，环境省对环境友好的融资给予利率补贴，年利率最高可补贴1%-1.5%。日本政策投资银行（DBJ）开发的评级系统，2006年在原来环境评级融资业务基础上，引入了“促进实现京都议定书目标”的新评分项。2007年，在环境省的支持下，日本政策银行再次推出环境评级贴息贷款业务。日本通过其政策投资银行支持促进环境友好企业的发展，充分发挥政策性银行的支持环保功能，同时给绿色信贷的繁荣构建了一个宽广的平台。此外，政府通过一系列政策引导商业金融机构开展绿色金融业务，如与商业银行共享政策投资银行关于企业环境评级报告，从而调动商业银行支持环境友好企业的积极性；同时协助商业银行规避相关风险，采取奖惩并重的方式，加强监管力度。

美国的绿色金融发展特色主要表现为较为完善的法律体系和有效的金融政策。法律方面，20世纪70年代以来，多部与环境保护和绿色信贷相关的法律文件界定了政府、企业和银行在绿色金融活动中的责任和义务。这些严格的规定使美国企业污染环境的违法成本大大提高。许多国际一流的商业银行，都制订了详细而周密的环境保护计划，涵盖了环境保护的方方面面，为环保计划和环境保护提供了制度保障。美国政府通过税收的法律手段和大力推动政府绿色采购，在促进绿色消费方面发挥了决定性作用。20 世纪 80 年代初美国政府把税收手段引入环境保护领域，至今已形成一整套相对完善的生态税收政策。

与美国相比，欧盟在发展绿色金融的过程中，政府的支持和引导更为积极主动，欧盟及各成员国政府在催化和便利社会资金支持绿色增长方面发挥着关键性作用，在市场化运作的前提下，通过政府少量的资金撬动了大量社会资源投入绿色项目，在资金运用上收到了良好的杠杆效应。

一是通过税收优惠、政府担保激励绿色环保项目。例如，德国政府对绿色项目贷款给予一定的贴息和利率优惠；欧盟规定绿色信贷及证券化产品可以享受税收优惠；英国政府采用“贷款担保计划”支持中小企业，尤其是环保类中小企业，等等。

二是通过政策性金融机构带动私有资本投入绿色经济。欧盟充分利用了政策性金融这一工具，包括政策性银行、政策性基金等。

绿色金融对绿色消费的支持，包含了至少两个层面：一是增强在绿色消费领域金融资源的可获得性，帮助有绿色消费意愿而受限于当前资金实力的消费者能够进入绿色消费领域，发挥金融在消费上的撬动作用。二是通过对各方面资源的有效配置，使得借助绿色金融工具的绿色消费者能够降低绿色消费的成本，从而使绿色消费产品在价格上具有比较优势，促使社会资源更多地向绿色消费产业链上流动，从而在源动力上拉动社会的绿色生产引擎，推动绿色发展大步迈进。

二、国外的发展方向

1.通过绿色消费观念引导绿色经济发展

人们的消费方式在社会经济活动链条中能起到引擎与导向作用。消费导向着市场，市场导向着产业，有怎么样的生活方式就决定着生产怎么样的产品，同时决定着怎么样的经济结构与产业结构。随着消费者消费观念的改变，促使产业结构也开始向着绿色经济发展的方向转变。因为绿色消费观念最终直接落实在绿色经济行为上，因此，消费者在日常的消费过程中，不仅追求产品的性价比，更多地开始注重产品的健康和安全特质，以及产品在生产和消费过程中有没有对环境造成危害，是否对后代人的生存环境进行损害。

国外一些国家在经济发展的过程中，由于绿色消费观念的引导，在经济发展方面也开始步入绿色经济发展的道路。越来越多的国家和地区重视绿色消费观念的带动作用，开始了绿色经济发展的道路。

2.绿色消费范围逐步扩大

过去各国所推动的绿色消费行动，不论是针对民间消费者或是政府机关，鼓励使用的大致是以实质产品为主，例如省电产品与回收材料制造产品。但是这几年来，已有越来越多的环境标志（生态标签）计划认识到应该把推广项目延伸到服务业并扩大产品项目，例如美国环保署的建筑物能源之星计划与加拿大的枫叶环保旅馆计划。

美国在实施建筑物能源之星计划时，不仅可以要求使用特定节能产品，并且可以整体考量建筑物的管理方式，因此涵盖面更为广泛。加拿大在枫叶旅馆计划中，则针对整个旅馆的运作，彻底检讨各个管理层面的环境表现。这时就需要运用到目前工业界广为运用的ISO 9000质量管理体系、ISO 14000环境管理体系等管理科学与技术工具。

第三章

中国绿色消费的实践

1993年，中国环境标志将绿色消费的理念引入到中国，以绿色产品、绿色生活习惯和绿色主张作为切入点，让环境保护进入每个人生活的方方面面，让消费者真正地感知、跟随和践行绿色生活方式。2016年2月原环境保护部等十部门印发《关于促进绿色消费的指导意见》，更加系统地总结和提出了绿色消费所涉及的各领域和实施方案，形成了我国绿色消费的路线图。

第一节　中国环境标志

改革开放以来，我国在经济建设层面取得了举世瞩目的成就，但同时在资源环境方面也出现了各种问题，并呈现明显的集中性、复杂性特征。集中性表现为西方工业化国家在200多年发展过程中陆续产生的问题，在我国则是在改革开放后的几十年内集中涌现出来；复杂性则突出表现为经济转型发展尚未完成，而资源消耗高与环境污染重等问题相互重合，国内能源资源环境问题与全球环境污染问题相互叠加。使我国的转型发展面临前所未有的复杂而艰巨的局面。

随着环境问题日渐突出，生态环境问题已成为全面小康的明显短板，成为人民群众反应强烈的突出问题，绿色生产生活方式已成为必然且紧迫的发展方向。绿色发展逐渐成为国家战略，这就需要运用多种工具来推动绿色发展，促进绿色生产和绿色消费，而中国环境标志制度就是可供选择的工具之一。

中国环境标志是在响应1992年世界环境与发展大会提出的可持续发展思想以及国际环境标志运动的大背景下产生的，由时任国家环境保护总局局长解振华提出，二十多年来，得到了企业、消费者以及社会各界的广泛认同，成为原环境保护部推动绿色生产和绿色消费的有力抓手。中国环境标志已经成为世界上环境标志认证企业最多的国家，有力推动了全社会可持续生产和消费的进展。

图3-1　中国环境标志

1.中国环境标志所取得的成就

自实施以来，原环境保护部共制订、发布（现行有效的）环境标志产品标准99项，涵盖了制造业、建筑业、住宿和餐饮业、居民服务业等五大行业，产品种类涉及汽车、服装、家具、电子、日化等300多大类产品，为推动全社会可持续消费提供了重要技术支撑。目前已有4000多家企业、40多万种型号的产品通过了中国环境标志认证，产品年产值高达约2万亿元。2009年，中国环境标志与联想、中国移动、中国石油和百度等国内知名企业一起获得由中央电视台组织社会大众评选的“中国经济发展60年60品牌”的荣誉称号。

根据2014年中国环境标志最新的市场调查结果显示，90%的消费者对中国环境标志有所了解，75%以上的消费者愿意为中国环境标志产品支付相对较高的价格，90%以上的认证企业认为中国环境标志的可信度较高，实施中国环境标志认证有助于提升企业的绿色形象。

中国环境标志的发展和取得的成就与其实施之初定位于服务环境保护，发展过程中的因势利导、主动服务、不断创新有很大关系，具体可体现在以下几个方面：

（1）制度上与国际接轨

图3-2　德国蓝色天使标志

20世纪90年代初期，中国经济的快速发展给中国本已短缺的自然资源带来了巨大的压力，同时对相对脆弱的环境产生了威胁。中国政府越来越注意到环境保护传统的手段如污水处理、垃圾填埋、企业污染物排放管理等已经不足以解决中国所面对的所有环境问题。而与此同时，伴随着环境观念深入人心，以环境保护为特征的绿色消费正影响着人们的消费观念和消费行为，绿色消费的浪潮已在国际上悄然兴起，一些国家政府机构或民间团体先后组织实施了环境标志计划，即绿色产品具有高度权威和可信度的第三方签署证明，引导市场向着有益于环境的方向发展。1978年德国率先开始采用“蓝色天使”绿色标志。随后，加拿大、日本、法国等国也相继建立自己的绿色标志认证制度，丹麦、芬兰、冰岛、挪威和瑞典等北欧国家于1989年也开始实行国家之间统一的北欧绿色标志。

在这种背景下，原国家环境保护局决定与国际接轨，借鉴先进经验在中国开展环境标志认证，与传统环境保护工作不同，环境标志计划从产品的全生命周期入手制定标准，引导消费者购买低环境影响的产品，并通过消费者的选择，以经济杠杆的手段鼓励环境友好型产品的生产、消费及提供环境友好的服务，最终达到改善环境的目的。中国环境标志自启动伊始就已成为我国环境管理的一种新手段。

（2）关注环境热点，服务环境保护

中国环境标志标准的制定和实施一直致力于紧跟时代的热点环境问题，不以追逐利益为目的，而是以服务环境保护事业发展为己任；通过充分结合国际环境保护的发展趋势和借鉴国际先进标准，强化企业管理、环境问题源头控制，以鼓励企业开发符合可持续消费、绿色环保趋势的产品，确保企业的可持续“绿色”发展和产品绿色标准的先进性，进而促进行业的生产水平，引领行业技术革新，力争成为我国环境保护工作的重要举措之一。

◇ 1994年，为配合蒙特利尔议定书的实施，中国第一次在冰箱环境标志标准中提出氟氯化碳替代的要求，并不断提升替代限制要求，推进中

国冰箱无氟化进程，得到了消费者的认可。

◇ 1996年，针对水体富营养化，我国颁布了无磷织物洗涤剂环境标志标准，1998年太湖流域推行城市无磷化，要求城市销售的洗衣粉为无磷洗衣粉，产品达到环境标志标准要求。

◇ 1997年，中国环境标志产品认证委员会联合北京市商委在24家商场、超市推广使用可降解购物袋，并积极呼吁全民行动起来，共同解决白色污染。

◇ 1998年，为改善城市空气环境质量，我国出台了轻型汽车环境标志标准，在国家强制标准的基础上加严了对汽车尾气排放控制。随着汽车行业技术的进步，分别于2001年、2005年和2014年对轻型汽车标准进行修订，不断加严对汽车尾气排放控制，为减轻城市交通空气污染，改善城市中的空气环境质量做出贡献。

◇ 2001年，为解决日益突出室内环境问题，我国先后颁布水性涂料、人造板及其制品、胶粘剂等多项环境标志标准，在室内装饰装修材料领域形成国家强制性标准低限准入，环境标志标准高限推荐的科学布局。

◇ 2002年11月6日，由中国环境标志产品认证委员会秘书处向北京奥申委赠送《绿色奥运 绿色采购》专刊，并持续为2008年北京奥运会提供绿色采购的支持。

◇ 2005年11月22日，原国家环境保护总局发布2005年第53号公告，批准11项环境标志产品技术要求成为中华人民共和国环境保护行业标准，标志着中国环境标志标准正式纳入环境保护标准体系框架中。

◇ 2006年10月24日，财政部、原环保总局联合发布了《关于环境标志产品政府采购实施意见》和《环境标志产品政府采购清单》，这是我国建立可持续消费模式、推进构建环境友好型社会的重要突破，标志着我国政府绿色采购制度正式启动。

◇ 2008年9月29至10月6日，在全球环境标志网络组织（GEN）2008年年会上，各成员代表讨论并全票通过中国环境标志计划加入该组织，这标志着中国环境标志计划的国际化进程又迈出重要的一步。

◇ 2010年，针对2010年VOCs首次列入我国大气污染防治范围，为更好地控制VOCs的排放，在人造板标准的修订中引入了VOCs评价准则。

◇ 2014年，随着国家清洁生产制度的发展，在水性涂料标准的修订中，我国要求认证企业必须经过清洁生产审计，紧跟国家环保产业政策的发展。

◇ 2016年，针对新实施的《环境保护法》，我国在纺织产品、胶粘剂、胶印油墨、家具等标准的修订中提升了相应的环境指标。针对公众普遍关注的室内空气质量，中国新发布了“空气净化器”标准。

◇ 2017为贯彻《环境保护法》，解决日益突出的包装问题、造纸行业污染等问题，保护环境，促进技术进步，原环保部批准并发布了《环境标志产品技术要求 文化用纸》《环境标志产品技术要求 塑料包装制品》《环境标志产品技术要求 燃气灶具》《环境标志产品技术要求 数字式复印（包括多功能）设备》等多项中国环境标志标准。

（3）严格准入条件，成就绿色典范

中国环境标志标准由原环境保护部以国家环境保护行业标准的形式颁布，具有一定的权威性、科学性、严谨性和公开性；中国环境标志已向国家工商总局备案，成为环境保护产品的政府证明性商标。中国环境标志产品种类的筛选和产品标准的制定方面，一直遵循着ISO 14020、ISO 14024所要求的“透明性，协商性，可达性，生命周期分析”等原则，并在认证实施过程中严格执行ISO14024，得到了相关国际组织的高度认可。中国环境标志认证制度一般具有自愿性、开放性、适用性、合法性的特点，即制造商、进口商、服务提供商及其他商业机构自愿参与。为保持标准的先进性和科学性，一直确保标准获得环境标志认证的为行业内领先的20%-30%的企业；并定期评估标准的先进性，更新修订标准，随着新标准的发布实施，每次都会有部分企业因不符合标准要求，而被撤销证书。

自实施以来，中国环境标志认证企业发展经历了由少到多，以质引量的厚积薄发的过程，力争通过市场选择的力量，形成一种激励和倡导型的措施，鼓励供应链上的相关企业遵守环境保护标准，提高环境绩效，使其更加清洁、低碳和绿色。

根据《中国环境标志产品环境绩效评估报告》（2017版）显示，在可开展绩效评估的45项产品种类中，2015年度中国环境标志产品在预防大气、水、固废危废、节约能源资源等方面的环境绩效明显。

在大气污染减排方面，2015年减排挥发性有机物（VOCs）10.75万吨，大约相当于2015年北京市VOCs工业源减排量的7倍；二氧化碳减排476.3万吨，相当于50万公顷森林的年碳汇量。

在水污染减排方面，2015年减排总磷5万吨，是湖北省总磷年排放总量的1.74倍。

在固废危废减排方面，2015年减排重金属汞9.19吨，减少难降解的塑料包装2692吨。

在节约能源资源方面，环境标志产品2015年节能量89.81亿千瓦时，相当于北京市年用电量的9.4%，相当于燃烧182万吨标准煤的发电量；节水5770万吨，约占北京市2015年总用水量的1.5%；新纸浆节省量39200吨，相当于节省近60万棵生长8年的树木；再利用鼓粉盒和喷墨盒共504万只；消纳工业废渣227万吨。

（4）提升公众意识，寻求稳步发展

中国环境标志多次主办或参加行业内的相关研讨会、年会，开展企业调研，对认证标准进行宣贯和验证等，扩大环境标志产品认证的影响力和知名度。举办“绿色消费绿色选择”“小标志大影响”等公益宣传活动，开展“中国环境标志公众影响力调查”，宣传环境标志的作用和鉴别方法，提高消费者的环保意识，学会借助环境标志进行绿色采购。

开展中国环境标志、多家公司参与的“神龙汽车环境标志华夏行”“新飞与环境标志共创绿色新生活”活动，活动行程数千公里，分别在北京、上海、武汉、郑州、成都、广州、青岛、呼和浩特等开展环境标志宣传工作，把绿色消费和科学消费的理念送到千家万户。积极与建材卖场如居然之家、蓝景丽家、绿馨建材城、百安居等知名家具卖场进行合作，共同推广环境标志，鼓励消费者采购环境标志产品，进而推动企业主动申请环境标志认证。

图3-3　生活中的环境标志

目前，从中小学生使用的绿色印刷教科书，到商场超市使用的可降解塑料袋，到家具卖场中的环保家具，到涂料、板材、胶水、卫浴等环保建材，到生活中使用的无磷洗衣粉、洗手液、洗洁精，到低毒少害的杀虫剂，再到我们日常生活中使用的生态纺织品等等，中国环境标志已经进入千家万户。2013年，全国高考试卷——新课标全国卷——就使用了中国环境标志图标作为考题，要求写出该标志中除文字以外的构图要素及其寓意。2015年秋季全国中小学教科书实现了以中国环境标志为基础的绿色印刷全面覆盖。这些都意味着中国环境标志在提升公众环境意识中起到了不可或缺的作用。

（5）增强国际交流，积极互补长短

2004年，中国环境标志走出国门，启动开展了国际合作，由原来的借鉴国外环境指标到引领国际发展，形成了完全意义上的国际认证，并不断扩大在国际上的影响。2008 年中国环境标志加入了全球环境标志网络（GEN）。2012 年通过了全球环境标志网络国际评审，并通过选举成为GEN理事成员，参与到更多全球生态标签的发展战略对话中。

在国家“一带一路”的计划引领下，2016年至2017年中国环境标志分别与俄罗斯、乌克兰及哈萨克斯坦签署了互认合作协议。目前已与日本、德国、韩国、新西兰、澳大利亚、北欧、泰国、新加坡、美国、中国香港、加拿大、乌克兰、哈萨克斯坦等13个国家和地区签署了互认合作协议，与德国、日本、韩国、澳大利亚分别制定了多项共同标准，成为促进中国产品走向世界、促进我国对外贸易发展的有力工具。

同时，为消除产品出口过程中的绿色技术壁垒，中国环境标志积极加强国际间的技术交流与合作，与联合国环境规划署（UNEP）、联合国开发计划署（UNDP）、国际标准化组织（ISO）、环境标志国际组织（GEN、GED）等多家国际组织建立了良好的技术交流平台及合作关系，被环境规划署誉为在可持续消费领域亚洲最重要的合作伙伴之一。2017年6月，联合国环境规划署（UNEP）发布了《政府绿色采购成功案例报告》和《中国、日本、韩国和泰国政府绿色采购与环境标志对比分析：经验与成功因素》两份报告，特别选择了中国环境标志绿色印刷作为成功案例。

让我们一起认识一下各国/地区的环境标志标识吧。

表3–1　各国及各地区的环境标识

国家 / 地区	环境标志标识	国家 / 地区	环境标志标识
澳大利亚		中国	
巴西		中国台湾	
中国香港		加拿大	
欧盟		捷克	

续表

国家 / 地区	环境标志标识	国家 / 地区	环境标志标识
印度尼西亚	Ramah Lingkungan	德国	DER BLAUE ENGEL JURY UMWELTZEICHEN
日本	ちきゅうにやさしい	以色列	ISRAELI GREEN LABEL THE STANDARDS INSTITUTION OF ISRAEL
马来西亚		韩国	KOREA ECO-LABEL Reasons for certification
北欧五国	Nordic Environmental Label	新西兰	ENVIRONMENTAL CHOICE NEW ZEALAND
菲律宾	green choice PHILIPPINES	美国	GREEN SEAL

续表

国家 / 地区	环境标志标识	国家 / 地区	环境标志标识
新加坡	GreenLabel SINGAPORE	俄罗斯	vitality leaf green choice
瑞典	TCO CERTIFIED	瑞典	Bra Miljöval
乌克兰	ЕКОЛОГІЧНО ЧИСТО ТА БЕЗПЕЧНО	泰国	GREEN LABEL : THAILAND
法国	NF ENVIRONNEMENT	荷兰	
哈萨克斯坦	ЭКОЛОГИЯЛЫҚ ТАЗА ӨНІМ ЭКО КАЗАКСТАН	奥地利	

资料来源：全球环境标志网络（GEN）网站。

2.未来发展的方向

通过多年的艰苦工作，中国环境标志计划已经在国内乃至周边地区具有了一定的影响力，已经成为国家环境政策的一个重要组成部分。从最初中国环境标志所倡导的产品“双绿”“双赢”，到鼓励企业生产“环境友好型产品”，到成为政府进行“环境友好型企业”评定的指标，到落实在政府工作报告中的“建设环境友好型社会”，再到为建设美丽中国助力加油！中国环境标志计划服务于国家政府、企业及人民大众，通过高技术服务搭建起了一座联通企业—政府—消费者之间的桥梁。

党的十九大报告提出加快生态文明体制改革，建设美丽中国，为中国环境标志的发展指明了方向。未来一段时期，中国环境标志工作将以生态文明为中心，以保护环境建设美丽中国为目标，引导企业调整产业结构，开发和生产环境友好型产品；支持政府绿色采购制度建设，引领可持续消费方式；拓展环境标志产品国际互认，提高中国企业的国际竞争力；制定和完善环境标志标准，保持标准的先进性；推进环境标志的宣传和普及，促进生活方式绿色化；积极引导公众选择绿色产品，推进绿色生产和绿色消费。

第二节　有机产品

衣食住行一直是老百姓最关注的话题，直接关乎切身利益，与我们生活息息相关。其中“吃”又是人们尤其关心的一个方面。随着中国人民生活质量不断提高，“吃得饱”已不是问题，“吃得好”才是民众最大的期盼，饮食方面的绿色消费意识逐渐深入人心，如在食品消费中，选择有机食品、绿色食品、无公害食品，减少资源浪费，还原消费的本来面貌的绿色消费模式已逐渐为大众所接受。

纯天然、无污染的有机产品消费已经成为人们追求的一种时尚，尽管有机产品在市场上的价格比传统的食品高出50%−150%，但市场销售额却在不断上升。随着社会的发展，生活水平的提高和人们健康意识的加强，消费者对有机产品的认知越来越高，人们看重的更多的是它的价值而非价格。我国有机产品生产正以年均30%−50%的速度增长。统计显示，2015年，我国食品工业总产值达到11.34万亿元，比2010年翻了一番。“民以食为天”，食品工业已经成为造福百姓健康、引领GDP走向的国民经济支柱产业。“十三五”期间，中国食品工业将要实现由大到强的转型升级，转型的基础是产业的优化，转型的方向就是营养健康。为此，有机产品将成为消费市场最具可持续发展潜力的优势产业。

一、有机产品在绿色消费中的积极作用

当前，人们对于有机产品的需求旺盛，不仅要吃饱、吃好，更要吃出健康，进而更加需要优质、安全、环保的绿色有机产品，同时经济的发展不是越来越远离农业，而是越来越彰显农业的环境生态价值、文化价值和政治价值。发展有机农业是实现生态环境保护，促进农业供给侧改革的重要举措，在促进地方农业产业转型升级带动地方经济发展的同时，也可以保障农产品安全，满足不同层次人群的消费需求。我国“十三五”规划在农业上的理念最终需要落实到绿色农业、有机产业上来。十九大以来，生态文明体制改革、生态文明建设力度空前，2017年中央一号文件提出“要把增加绿色优质农产品供给放在突出的位置”，农业农村部出台了《关于打好农业面源污染防治攻坚战的实施意见》，提出“一控两减三基本”的目标。由此可以看出，有机产业、有机产品将越来越受到政府的重视，让广大消费者接触到有机产品，也是百姓参与生态文明建设的一大渠道。

1.发展有机产品的经济效益

有机产品在生产过程中由于禁止使用化学肥料、化学药品，在生产初期与常规的农业生产相比，通常有机生产会造成产量下降，有机农业的产量减少可造成一定的经济损失。相比常规农业，通常作物减产在10%～30%。然而由于优质高价而产生的直接经济效益却非常高，据统计发展3万亩有机食品生产基地增加的直接经济效益为13750万元，总产值为6.96亿元左右。而且良好的有机生产管理和投入可以避

免有机农产品产量的降低。中国农业大学曲周试验站的长期定位试验表明，在长期有机种植模式下的产量高于常规农业模式。发展有机产品产业，通过种养结合，实施有机农业循环经济，可降低有机农业生产成本。有机产品生产是一个系统工程，可带动加工、运输、餐饮、旅游等行业的发展，从而产生可观的间接经济效益在10亿元以上。

从农户经济效益来看，有机农业的经济效益也显著高于常规农业。有调查发现，有机水稻种植中单位面积土地净利润是常规农户的2倍以上。小规模的有机农户（户均土地面积＜$1hm^2$）水稻投入成本低于常规农户，而大规模有机农户的投入成本与常规农户相比多330元/hm^2。小规模有机农户和常规农户的农业收入占家庭总收入分别为7%和3%，而大规模有机农户的农业收入占家庭总收入的63%。小规模有机农户和常规农户的年均家庭总收入为41864元和50040元，而大规模有机农户的家庭年均收入为100551元。由此可见有机农业能够明显提高大规模有机农户的家庭收入，带来显著的经济效益。

2.发展有机产品的环境效益

据有关专家研究表明，从对水环境、土壤环境、生物多样性和大气环境以及人类健康的影响的角度分析发现，有机产品产业有利于保护水质，增进生物多样性，减少温室气体的排放量，有利于土壤健康和人体健康。Verena等发现有机农业能提高物种丰度、生物多度、土壤有机质等，但是温室气体的排放可能要略高于常规农业；此外，可以改变土壤的微生物群落组成，进而影响农业生态系统的功能，如碳循环和养分资源矿化。通过利用生命周期评价的方法，罗燕等发现有机大豆种植对于环境酸化、资源消耗、全球变暖、生态毒性的环境影响综合指数都小于常规大豆，负面影响较小。乔玉辉等在江西省万载县对有机农业生产进行的一项调研表明，万载县有机农户生态农业措施采用的数量和程度显著高于常规农户。其中，豆类作物种植面积是常规农户的5倍左右，农家肥的使用量是常规农业的2 倍左右。因此可以看出，有机产品产业能够促进农民采用生态农业措施，使用更加环保的方法解决农业生产中的问题，进而保护和改善生态环境。

3.发展有机产品产业的社会效益

有机产品产业作为以认证手段为媒介的生态健康产业，通过提升产品附加值，引导农民参与有机管理体系建设，已成为缩小城乡差距、地区差距和贫富差距的重要途径。有机农业禁止使用化学农药和肥料，就需要投入更多的劳动力，可以大幅度地促进就业，而且提供了健康的工作环境。据Offermann的研究发现有机农场中的劳动力比常规农业多20%。有机农业的发展可以促进农村人口稳定，减少外出打工人员数量，促进农村的发展和社会稳定。据有调查发现，随着有机产业的发展，广西上古拉屯人口总数从2000年的279人增长到359人，户数从2000年的68户增加到2014年的142户，该地区的人均年收入从1200元增加到4360元。

此外，在有机产品的发展中，农户除了有机农产品的收入外，还可以获得上游产业和下游产业的部分利润，进而增加了整体收入。如：郊区旅游、农家乐、农庄、民宿旅游等成为节假日休闲的一种时尚，把有机农业、有机产品的生产销售与观光旅游结合起来，引导产业资本和农民通过土地流转、入股等方式开展适度规模经营，将农业景观、农耕文化、民俗文化结合起来，融休闲、娱乐、餐饮、采摘、教育等为一体，形成消费者喜闻乐见的旅游场所，促进绿色消费的发展。

二、有机产品基本知识介绍

有机产品最早是由有机农产品发展而来的，国际上有机农业起源于20世纪70年代，由于发达国家农产品过剩，生态环境恶化以及环保主义运动，促进了有机农业发展；并于1972年成立国际有机农业运动联盟，也标志着国际上有机农业的兴起。有机农业虽然不允许使用现代常规农业中使用的化学合成农药、肥料、生长调节剂和饲料添加剂、转基因技术等，但绝不是退回到刀耕火种的生产方式。有机农业仅排斥对生态系统和自然环境有不良影响的生产技术和物质，现代农业中设施栽培，微、滴灌技术，有害生物综合治理技术等仍提倡使用，以达到在保障食品安全和保护环境的同时还能提高产品品质与产量的目的。

我国的“有机产品”是指生产、加工、销售过程符合中国有机产品国家标准，取得有机产品认证证书，并加施中国有机产品认证标记的供人类消费、动物食用的产品，有机产品包含有机食品，主要指：农作物、食用菌、野生植物、畜禽、水产、加工产品等及棉、麻、竹、服装、化妆品、饲料（有机标准包括动物饲料）等“非食品”。目前我国有机产品主要是包括粮食、蔬菜、水果、奶制品、畜禽产品、水产品及调料等。

我国有机产品标志图案（图3-4）由三部分组成，即外围的圆形、中间的种子图形及其周围的环形线条。标志外围的圆形形似地球，象征和谐、安全，圆形中的“中国有机产品”和“中国有机转换产品”字样为中英文结合方式，标志整体既表示中国有机产品与世界同行，也有利于国内外消费者识别。标志中间类似于种子的图形代表生命萌发之际的勃勃生机，象征了有机产品是从种子开始的全过程认证，同时昭示出有机产品就如同刚刚萌发的种子，正在中国大地上茁壮成长。种子图形周围圆润自如的线条象征环形道路，与种子图形合并构成汉字“中”，体现出有机产品植根中国，有机之路越走越宽广。同时，处于平面的环形又是英文字母“C”的变体，种子形状也是“O”的变形，意为“China Organic”。绿色代表环保、健康，表示有机产品给人类的生态环境带来完美与协调。橘红色代表旺盛的生命力，表示有机产品对可持续发展的作用。

图3-4　中国有机产品标志

除了有机产品标志以外，为保证有机产品的可追溯性，国家认监委要求认证机构在向获得有机产品认证的企业发放认证标志或允许有机生产企业在产品标签上印制有机产品认证标志前，必须按照统一编码要求赋予每枚认证标志的一个唯一编码，该编码由17位数字组成，其中认证机构代码3位、认证标志发放年份代码2位、认证标志发放随机码12位，并且要求在17位数字前加“有机码”三个字。每一枚有机标志的有机码都需要报送到“中国食品农产品认证信息系统”（网址http：//food.cnca.cn），任何个人都可以在该网站上查到该枚有机标志对应的有机产品名称、认证证书编号、获证企业等信息。

为了保证有机产品的“纯洁”，有机产品在生产过程中需要经过一定的转换期，如已经使用过农药或化肥的农场要想转换成为有机农场，需按有机标准的要求建立有效的管理体系，并在停止使用化学合成农药和化肥后还要经过2–3年的过渡期后才能正式成为有机农场。生产者在产品生产过程中需制定详实的有机转换计划，并须事前获得认证机构认定。在开始实施转换计划后，每年须经认证机构派出的检查组核实、确认。未按转换计划完成转换并经现场检查确认的生产单元不能获得认证。未能保持有机认证的生产单元，需重新经过有机转换才能再次获得有机认证。在转换期间生产的，且获得有机转换认证证书的产品，只能按常规产品销售，不得使用中国有机产品认证标志以及标注“有机”“ORGANIC”等字样和图案。

有机产品的生产提倡天然的生产方式，但并不代表更加营养，只是其中农药和化肥的残留量大大低于普通食品。尽管一些研究人员和消费者认为有机方式生产的食品在口感和营养方面比普通食品要好得多，但目前还没有这样的指标能区分出有机食品和普通食品。甚至许多研究表明，有机食品的营养价值与普通食品相差无几。至于外观，有机食品和普通食品没有明显区别，有时有机食品卖相甚至要差一些。

人们越来越重视食品的安全与营养价值，商家也抓住了这种心理推出了许多有机产品。作为冷静的消费者，要认清市场上的真假有机食品。由于价格较高，并且认证、质量控制程序较复杂，有机产品与普通产品的营销渠道也存在不同。消费者可到有机产品专卖店、大型商场、超市购买有机产品，尽量不要到农贸市场、批发市场或在不可信的网站购买有机产品。消费者在购买有机产品时，应当查看产品或产品销售包装上是否使用了有机产品国家标志，并同时标注了有机码、认证机构名称或标识，也可向销售单位索取认证证书、销售证等证明材料，查看所购买的有机产品是否在证书列明的认证范围内。同时，还可在国家认监委“中国食品农产品认证信息系统”（food.cnca.cn）中查询该有机码对应的产品信息。

第三节 节能节水标志

目前，能源紧张、淡水资源缺乏已经成为世界性的重要问题，能源和水资源的短缺已经给我国的经济发展带来了非常不利的影响，也给人们的生活带来了一定的影响。水是生命之源，中国是一个缺水严重的国家，尤其是北方水资源面临严峻的缺乏形势，如果不能有效地节水，那么，人们的生命之源就会枯竭。因此，节约水资源具有非常重要的现实意义。节能、节水是目前大家比较关注的问题，在建设资源节约型社会过程中尤为重要。建设资源节约型社会是党中央、国务院提出的重大举措，开展节能节水产品认证能够有效地保证产品质量、提高资源利用效率、引导社会消费行为、增加企业竞争力。

从国外经验来看，节能节水认证工作已经成为一项非常有效的节能节水手段。节能节水认证制度以其投入少、见效快、对消费者影响大等优点，已在世界范围内得到普及。目前，世界上已有欧盟、美国、加拿大、澳大利亚、巴西、日本、韩国、菲律宾和泰国等37个国家和地区实施了节能认证制度，取得了显著的节能、环保和经济效益。

国务院和国家有关部委专门出台一系列有关鼓励节能节水的扶持性配套政策，如水利部发布《关于加强节水型认证认可工作的若干意见》（水国科〔2003〕282号）、财政部、国家发展和改革委员会联合下发《节能产品政府采购实施意见》（财库〔2004〕185号）、国家发改委发布的《节能中长期专项规划》《中国节能技术政策大纲》《国务院关于加强节能工作的决定》（国发〔2006〕28号）、《国务院关于印发节能减排综合性工作方案的通知》（国发〔2007〕15号）、《国务院关于建立政府强制采购节能产品制度的通知》《关于加强资源节约型产品认证工作的意见》（国质检认联〔2007〕664号）、《国务院关于印发节能减排综合方案的通知》等对节能产品认证产生积极而深远的影响。

为贯彻实施国家一系列政策，提高能源利用效率、减少资源消耗，加强节能节水产品认证工作，更好地发挥认证工作对建设节约型社会的促进作用，近年来，国家认监委与相关行业主管部门积极推动资源节约（节能、节水）型产品认证。

一、节能产品标志

目前，通过中国质量认证中心认证的节能产品加施“节”标志（图例详见图3-5）。节能产品认证标志含义：由“energy”的第一个字母“e”构成一个圆形图案，中间包含了一个变形的汉字“节”，寓意为节能。缺口的外圆又构成“CHINA”的第一字母“C”,“节”的上半部简化成一段古长城的形状，与下半部构成一个烽火台的图案，一起象征着中国。“节”的下半部又是“能”的汉语拼音第一字母“N”。整体图案为蓝色，象征着人类通过节能活动还天空和海洋于蓝色。

图3-5　节能标志

图3-6　节水标志

节能产品认证以产品能耗指标／效率为核心，最早从1999年正式开始，以家用电冰箱为首要认证对象，2007年中国节能产品认证由中国质量认证中心开始实施，对节能认证产品种类有了大幅度的提高，目前主要有：办公及音视频设备（如打印机、传真机、计算机、电视机等)、家电产品（如电冰箱、电动洗衣机、燃气灶具、吸油烟机等)、照明产品（如管型荧光灯镇流器、单端荧光灯、高压钠灯等)、机电产品（如清水离心泵、通风机、变压器等)、建筑节能产品（如建筑外窗、中空玻璃、镀膜玻璃等)、汽车（如节能环保型汽车等）以及新能源产品（如光伏产品等)。

二、节水产品标志

节水产品，是指符合国家及行业有关标准，在社会使用中与同类产品或完全相同功能的产品相比，具备可提高水的利用效率、防止水资源非预期使用、能替代传统水资源等特性的产品。节水产品包括农业节水产品、工业节水产品和生活节水产品。也可以分为直接节水产品、间接节水产品和替代传统水资源的节水产品。直接节水产品指直接消耗水资源来实现某种特定功能或完成服务的节水产品；间接节水产品指在使用过程中自身不消耗水资源或少消耗水资源，但能促使运用该产品的系统或设施降低水耗的节水产品；替代传统水资源的节水产品指在完成相同功能条件下，使用非传统水资源时涉及的产品。

节水产品认证，是指依据相关的标准和技术要求，经节水产品认证机构确认并通过颁布节水产品认证证书和节水标志，证明某一认证产品为节水产品的活动。目前我国节水产品认证采用自愿性原则，尚无统一的节水产品认证标志，各节水认证机构分别自行设计了节水认证标志（这些标志须获认监委的批准和备案），目前有代表性的节水产品认证标志有两种：一是中国质量认证中心的“节”标识（图3-6）；二是经水利部授权，使用国家节水标志（见图3-7）作为主图案，外围加公司名称中英文缩写（见图3-8）。国家节水标志由水滴、地球变形而成。标志留白部分像一只手托起一滴水，手是字母J、S（节水两字拼音的第一个字母）的变形，象征人人动手来节约每一滴水。手又像一条蜿蜒的河流，寓意滴水汇成江河。绿色的图形代表地球，代表着节约用水是保护地球生态环境的重要环节。

图3-7　国家节水标志　　图3-8　新华节水标志

我国第一批开展的节水认证的产品有水嘴、坐便器、坐便冲洗阀、淋浴器等四种产品，目前认证的范围涉及工业水处理、城镇用水、农业排灌、非传统水资源利用等62类产品。主要认证种类有：工业节水产品（如冷却塔、热水水表等）、农业节水产品（如旋转式喷头、滴灌带（管）、轻小型喷灌机等）、非传统水资源产品类（如海水淡化设备、中水再生利用装置、格栅除污机、潜水搅拌机等）、城镇生活（服务业）节水产品类（如工业洗衣机、家用洗衣机、家用电动洗碗机、水嘴等）。节水产品认证的技术标准都是在《节水型生活用水器具》（CJ164－2002）标准基础上制定的。目前国内开展节水产品认证的机构采用的节水产品认证技术指标也大致相同。

三、发展成就

通过节能节水产品认证以及加贴有关标识，能够促使消费者对节能节水产品的主动消费，引导和鼓励节能节水产品的推广和技术水平的进步。近年来，节能节水产品认证取得了一系列的成就。

1.法规体系不断完善

2013年8月，国务院发布《关于加快发展节能环保产业的意见》，提出要“强化节能产品认证制度实施力度，引导消费者购买高效节能产品”；2015年5月，中共中央、国务院印发《关于加快推进生态文明建设的意见》，明确提出要“建立与国际接轨、适应我国国情的环保标识认证制度”。

为提高能源利用效率、减少资源消耗，近年来，国家认监委与相关行业主管部门积极推动资源节约（节能、节水）产品认证工作。《节能产品认证管理办法》的法规编制已经启动，《节能产品政府采购清单》不断更新。

2.认证制度建设提高

为充分发挥认证认可工作在建设资源节约型社会中的重要作用，国家认监委从2008年开始，积极推进资源节约（节能、节水）产品认证工作开展，并组织相关认证机构建立了资源节约产品认证指标量化体系，完成了对资源节约产品的量化指标的统计和汇总，为资源节约产品认证制度的建设提供了科学、有效的支撑数据。

3.资源节约成效显著

国家认监委积极开展节能减排相关认证工作，推动节能、节水产品认证，取得丰硕成果。节能、节水产品认证制度已经取得了良好的经济效益和社会效益。据统计，目前我国节能产品认证种类达到上百个，节水产品认证种类达到七十个。据有关学术文章提供数据，通过开展资源节约产品认证，2010-2014年获证产品累计实现节能量折合标准煤1.83亿吨，减少二氧化碳排放4.57亿吨。

4.认证范围不断扩大

在节水认证方面，在已开展的城镇节水产品认证工作的基础上，农业（村）节水认证产品已扩展至农村饮水安全和农业节水领域的塑料给水管材、农业节水灌溉产品、水处理设备等多类产品。一大批行业知名企业通过认证，并获得了工程设备投标的优先采用资格，成为农村饮水安全和农业节水工程建设的可靠产品供应商。

5.推进政府管理

建立在第三方基础之上的节能节水产品认证，通过专业人员对制造企业的管理水平及其符合性、技术水平及其适用性进行综合评判，以完善的国际通行产品认证制度监督和验证节能节水产品的质量，帮助各级有关政府管理部门把住生产关，减轻政府的工作压力，降低政府工作的风险性。2012年，江苏省质监局采取有效措施，积极推进节能产品认证，将节能产品认证纳入地方政府创建优质产品示范基地考核工作内容，服务地方产业集聚与提升。

6.认证结果广泛采信

节能产品被政府部门等社会各方广泛采信。认证结果列入《节能产品政府采购清单》，此清单由财政部、发展改革委负责制订。列入节能产品政府采购清单中的产品由财政部、发展改革委从国家采信的节能产品认证机构认证的节能产品中，根据节能性能、技术水平和市场成熟程度等因素择优确定，并在中国政府采购网、发展改革委门户网、中国节能节水认证网等媒体上定期向社会公布。

目前，全国已有河北、广东、河南、山东、福建、吉林、新疆、湖南、湖北、浙江、安徽、甘肃、山西等多个地区出台政策文件，实行优先采用、评标加分和认证准入备案等方式采信有关机构节能节水认证结果。如河北省水利厅《关于实行农业节水灌溉和农村供水认证产品公告制度的通知》（冀水农〔2013〕60号）“决定对进入我省的农业节水灌溉和农村供水认证产品实行公告制度”，“拟申请公告的企业产品须通过经中国国家认证认可监督管理委员会批准并获得中国合格评定国家认可委员会认可的认证机构认证”。

7.成为推动节能减排技术的源泉和动力

通过节能节水标志，将真正的节能节水产品和伪劣节能节水产品区别开来，有效地规范节能节水产品市场，便于广大用户和消费者选择节能节水型产品，带有节能节水认证标志的产品在市场上将具有更强的竞争力。很多生产企业为以节能节水评价指标为新产品的设计开发基准，普遍提高了中国家电产品的能效水平，激发企业应用节能减排以及节水先进管理技术的积极性，产生巨大的社会经济和生态效益。

二、节能节水标志未来发展的方向

能源问题是全球共同关注的一个战略问题。中国是能源消费大国，能源需求大，节能任务十分迫切。同时中国也是一个缺水国家，水资源需求也很大，节水任务也十分迫切。为适应此种形势的需要，采取节能节水认证的手段，抓住节能节水工作的源头，大力促进节能节水工作的开展。另外国内外的长期实践证明，节能认证活动是一项十分有效的节能措施。故未来我国强化开展节能节水产品认证是非常有必要的。

一方面应对节能节水产品类别需要进行整合，对于同一类别的产品在同一个实施标准中体现节能指标和节水指标，尽快实施国家统一推行的节能节水产品认证制度，有效推动《关于加强资源节约产品认证工作的意见》的落实。进一步加强相关部门的沟通和合作，促进节能节水产品认证制度与能效标识制度的协调配合。

另一方面，应强化节能节水认证宣传、教育和培训。广泛、深入、持久地开展节能节水认证宣传，并将节能节水认证纳入技术教育培训体系，不断提高全民能源、水资源的忧患意识和节约意识。使消费者主动购买效率高的节能节水认证产品，使生产者积极主动加入节能节水认证行动中。

第四节　中国政府绿色采购

中国政府绿色采购的发展离不开中国环境标志的发展，2006年原国家环保总局（现生态环境部）与财政部联合公布了《环境标志产品政府采购实施意见》和首批《环境标志产品政府采购清单》，标志着我国形成了以中国环境标志为基础的中国政府绿色采购制度。

一、中国政府绿色采购取得的进展

1.环境标志产品政府采购

2006年，为深入贯彻落实《国务院关于加快发展循环经济的若干意见》，积极推进环境友好型社会建设，发挥政府采购的环境保护政策功能，原国家环保总局联合财政部公布了《环境标志产品政府采购实施意见》和首批《环境标志产品政府采购清单》。通过该项工作，树立政府环保形象，提高全社会的环保意识，推动企业环保技术进步，保护环境和人体健康，节约能源，促进资源循环利用，实现经济社会可持续发展，并要求各地区、各部门高度重视，加强组织管理和监督，确保环境标志产品政府采购工作落到实处。环境标志产品政府采购经过多年的发展取得了不错的成绩。

（1）环境标志产品政府采购产品种类逐步扩大。从2006年发布《第一期环境标志产品政府采购清单》以来，截止到2018年2月份，原环境保护部与财政部已经联合发布21期环境标志产品政府采购清单。清单入选产品从第1期的856个产品型号发展到第21期346800个产品型号（见图3-9），产品种类达到59个。在最新一期清单即《第二十一期环境标志产品政府采购清单》，环境标志产品政府采购的种类包括：计算机设备及软件；输入输出设备（打印机、液晶显示器、扫描仪等）；投影仪；多功能一体机；文印设备（数字式一体化速印机）；乘用车；生活用电器；电视设备；家具用具类；水池；便器；棉、化纤纺织及印染原料；复印纸（包括再生复印纸）；鼓粉盒（包括再生鼓粉盒）；二次加工材，相关板材；水泥熟料及水泥；水泥混凝土制品；轻质建筑材料及制品；建筑陶瓷制品；建筑防水卷材及制品；其他非金属矿物制品；墙面涂料；防水涂料；门、门槛；涂料（建筑涂料除外）；密封用填料及类似品；塑料制品。这些环境标志产品种类涉及了办公设备及耗材、乘用车、生活用电器、家具用具以及与消费者生活息息相关的建筑材料等产品种类。

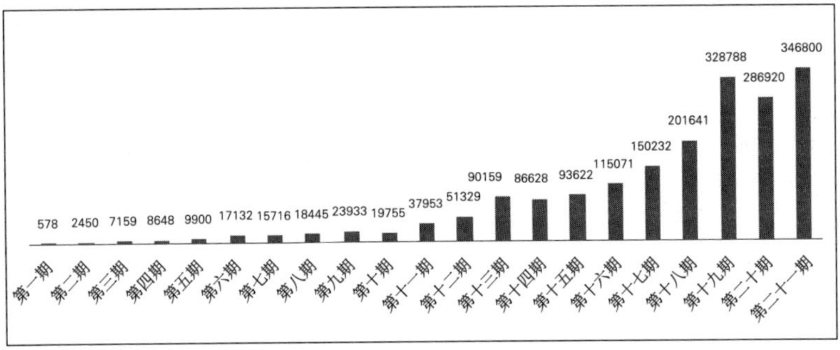

图3-9　第1-21期清单产品型号变化图

（2）环境标志产品政府采购参与企业日益增加。随着政府绿色采购的不断壮大，环境标志政府采购的社会影响力也逐渐增加，企业的参与度越来越大，入选环境标志政府采购清单企业以每期300家左右的数量稳定增长。清单入选企业从第1期的81家发展到第21期3077家（见图3-10）。为配合政府绿色采购清单的发布，在2012年，建立了环境标志产品政府采购清单信息系统，实现环境标志产品政府采购清单的信息化管理与清单流程的规范化管理。为保证企业能顺利使用清单系统，每年在不同地区举办两期环境标志产品政府采购清单培训班，迄今已经举办了14期培训班，已经累计有2千多人次的企业人员参加了相关培训，为企业顺利进入到环境标志政府采购中提供了有力的保障。

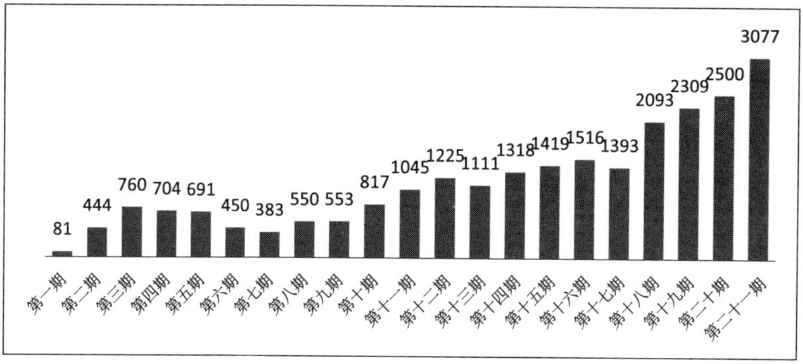

图3-10　第1-21期清单企业数量变化图

（3）环境标志产品政府采购环境效益好。环境标志产品政府采购经过多年持续不断的努力，对改善环境质量和保护身体健康有着重要影响。从环境标志政府采购绩效评估结果来看，仅在2015年，购买带有环境标志的办公家具，减排挥发性有机污染物将近1500吨，甲醛减排量33吨；购买的环境标志电子类主要办公产品，使二氧化硫和氮氧化物分别减排了620吨，颗粒物减排了97吨；购买环境标志复印纸，减排化学需氧量（COD）1590吨。2015年，因购买环境标志产品所节约污染物治理费用共计2亿多元。从上述数据，我们不难看出以环境标志产品为基础的政府绿色采购为我国环境保护方面做出了突出贡献。

10余年间，我国环境标志产品政府采购在前进中不断突破创新，在创新中不断实现发展，提升环境标志产品市场认可度，保障清单内容的技术性、专业性、权威性。据统计，2016年中国环境标志产品政府采购规模已达到1360亿元，占政府采购同类产品的81.5%（见图3-11）。从2008年至2016年期间，中国环境标志产品政府采购总规模已达8514.5亿元，所占政府采购同类产品比重也持续提升，创造了巨大的市场经济效益，也产生了良好的社会效益。

图3-11　政府绿色采购所占政府同类产品采购比

（4）环境标志产品政府采购十周年总结。2016年12月，原环境保护部环境发展中心在北京举办了“政府绿色采购与绿色消费研讨会暨环境标志产品政府采购十周年”活动（见图3-12），取得圆满的成功，得到了社会的广泛关注。来自原环境保护部、财政部、联合国环境署（UNEP）、中国人民大学、国际关系学院、地方采购中心等国内、国际专家以及数百家国内外知名企业就“政府绿色采购与环境保护”“政府绿色采购与绿色供给”“绿色消费与绿色供应链”等主题展开深入交流，对今后我国政府绿色采购和环境标志产品政府采购的发展具有非常重要的意义。

图3-12　政府绿色采购与绿色消费研讨会暨环境标志产品政府采购十周年

2.国际合作成效突出

中国环境标志政府采购从借鉴发达国家政府绿色采购经验，到向外输出中国践行绿色发展的理念，在政府绿色采购方面开展国际合作与交流，取得了显著的成绩。

2012年，通过编制《SPPI（可持续公共采购宣言）合作计划的可行性和必要性》，中环联合认证中心以发起人的资格加入了可持续公共采购宣言，在同年的6月18日里约召开的“20+”环境峰会由联合国环境署向世界发布。

2014年中环联合认证中心加入SPP 10YFP 及其顾问委员会，并参与了其中全部工作组的活动。可持续生产和消费10 年框架计划（以下简称SPP 10YFP）项目，主要通过制定案例、推动实施、搭建网络、能力建设等方式开展工作，以促进全世界范围内的可持续公共采购，进而推动可持续生产和消费。目前已有100个来自世界各地的组织加入该项目的研究工作。

2016年，中环联合认证中心与倡导地区可持续发展国际理事会主办“2016年生态文明贵阳国际论坛·政府绿色采购分论坛”（见图3-13）。联合国环境署SPP 10YFP负责人、ICLEI可持续采购中心全球总监出席论坛并介绍联合国环境署可持续公共采购10年框架项目和全球地方绿色公共采购情况。论坛发起了在中国“绿色公共采购合作伙伴关系的倡议”，旨在搭建一个促进中国城市、利益相关方及合作伙伴分享绿色公共采购信息和经验的平台。

图3-13　2016年生态文明贵阳国际论坛·政府绿色采购分论坛

在联合国环境署（UNEP）开展的可持续公共采购十年框架项目（SPP 10YFP）中，中国环境标志政府绿色采购项目，被作为国际政府绿色采购最佳实践案例在国际上示范推广。2017年，中国环境标志产品政府采购还分别获得由国际可持续采购领导力委员会（SPLC）颁发的“杰出案例奖”（见图3-14）和美国绿色电子委员会（GEC）颁发的“绿色供应链创新奖”（见图3-15）等国际荣誉。这是中国环境标志产品政府采购第一次获得国际奖项，此次获奖说明中国环境标志产品政府采购制度在国际上具有先进性，其成就得到了国际同行的认可。

2017 Outstanding Case Study Award

awarded by the Sustainable Purchasing Leadership Council to

China Environmental United Certification Center

for its case study titled

China Government Procurement of Environmental Labelling Products

The Outstanding Case Study Awards recognize high quality case studies that document efforts to exercise and support leadership in sustainable purchasing, as defined in the Council's Principles for Leadership in Sustainable Purchasing. Each Outstanding Case Study becomes part of the Council's Case Study Library, an online reference cross-linked with the Principles and with the Council's Guidance for Leadership in Sustainable Purchasing.

Jason Pearson
Executive Director

May 9, 2017

Joan Kerr
Chair, Board of Directors

图3-14　杰出案例奖

图3-15　绿色供应链创新奖

二、绿色采购未来发展方向

目前，我国正处于全面推进生态文明建设的关键期，总体改善生态环境质量的攻坚期，经济新常态下的增长速度与动能的转化期，全力推动标志产品认证和政府绿色采购工作意义更加显著，对引领绿色消费、培育经济增长新动能，倒逼供给侧结构性改革，促进绿色发展，改善环境质量，具有重要的推动作用。

1.推动《政府绿色采购法》颁布实施

党的十九大报告指出："推进绿色发展。加快建立绿色生产和消费的法律制度和政策导向，建立健全绿色低碳循环发展的经济体系。"党的十九大已经明确指向，建立绿色生产和消费的法律制度和政策导向，这正为绿色采购法的颁布和出台奠定了基础。加快绿色采购法制化进程，使绿色采购更具有全局性和法制性，为更多的主体参与绿色采购和绿色发展作法律依据，也为美丽中国的建设作制度保障。

2.加大我国政府绿色采购宣传和监督工作

实现绿色发展，促进绿色生产和消费，离不开有力的宣传。加大对政府绿色采购的宣传力度，拓宽宣传渠道，提升全民绿色消费理念，开展绿色采购、绿色消费的宣传教育活动。充分利用信息化手段，发挥新媒体的优势，探索发展建立环保绿色产品信息查询系统，以环境标志产品为基础，构建涵盖全部环保产品信息、满足消费者需求的信息平台。大力开展以绿色采购、绿色生活、绿色消费为主题的环境文化活动，鼓励将其植入各类文化产品，充分利用影视、戏曲、音乐及图书、漫画等多种形式，来传播绿色科学知识和方法，不断缩小绿色消费与传统消费的价格差距，利用多种手段，引导政府采购部门、企业采购者、普通消费者进行绿色消费，为绿色创业企业的发展提供良好的市场空间。

实现绿色发展，促进绿色生产和消费，离不开有力的监督。在党的十八大之后，随着中央对环境保护的高度重视和人民对美好环境的渴望，环境保护成为我国最热的话题，绿色产业成为最有潜力的产业。随着环境保护、绿色发展热潮来袭，市场上也充斥着一些假认证、伪绿色的产品。加强监管执法，规范环保和绿色产品市场，强化对环保绿色产品的监测、监督和管理，对假认证、伪绿色产品予以严厉的打击。建立责任制和营销体系的追溯制度，将生产者与自身产品的环保责任，延伸至整个产品的生命周期，以保障政府采购物有所值的采购目标，维护正常的市场秩序。

3.通过政府绿色采购引领企业绿色采购

从世界来看，各国政府采购在国民生产总值中所占比例很大，也正是因为这样世界各国通过政府绿色采购来影响一些产品的市场份额和消费取向。政府绿色采购并不是绿色采购的终点而是全民绿色采购、绿色消费的开始。作为我国采购的另一大主体企业法人单位，据国家统计局数据显示，2015年我国国有企业法人单位有133631家，私营企业1908.23万家。企业体量的庞大折射出其采购数额的庞大，其绿色采购效益庞大。现阶段指导我国企业绿色采购一共有三个指南：《企业绿色采购指南（试行）》《可持续采购指南》《社会责任指南》。但是从实际情况来看并不理想，企业绿色采购发展滞后，制约我国绿色生产和消费的发展，需要通过政府绿色采购的实践引领企业绿色采购，推动企业绿色采购的发展。

4.积极参与国际合作提升影响力

党的十九大报告关于推动形成全面开放新格局提到，要以“一带一路”建设为重点，坚持引进来和走出去并重，遵循共商共建共享原则，加强创新能力开放合作，形成陆海内外联动、东西双向互济的开放格局。我国政府绿色采购在今后的国际合作中可以在吸收借鉴先进经验的同时大力发展与“一带一路”沿线国家开展合作，发挥我国政府绿色采购优势，逐步提升我国政府绿色采购在国际合作中的影响力。

第五节　中国能效标识

中国能效标识（China Energy Label），又称能效效率标识（以下简称能效标识），是附在耗能产品或其最小包装物上，表示产品能源效率等级等性能的一种信息标签，属于产品符合性标志的范畴。

一、中国能效标识制度

2004年8月13日，国家发展和改革委员会（以下简称国家发改委）、原国家质量监督检验检疫总局（以下简称国家质检总局）发布了《能源效率标识管理办法》(以下简称《管理办法》)，标志着能效标识制度在我国正式建立。作为一种信息标识，能效标识能直观地明示用能产品的能源效率等级等重要的性能指标。那么，能源效率等级又是什么呢？能源效率等级又简称能效等级，是判断产品是否节能的最重要指标，产品的能源效率等级越低，表示能源效率越高，节能效果越好。能效标识可以使消费者对不同产品的节能效果进行比较，从而能够购买到更节能、更省钱的产品。举个例子来说，标着1级能效等级的冰箱，比标着2级能效等级的冰箱就要省电。选择节能产品对消费者最直观的好处是能够降低产品的使用成本，这使得更多消费者愿意选择节能产品来替代高能耗产品，由此减少了能源的消耗。

根据2016年2月发布的新版《能源效率标识管理办法》(以下简称新版《管理办法》)，国家对节能潜力大、使用面广的用能产品实行能效标识管理。具体产品实行目录管理，也就是说，目录里面的产品都必须加贴能效标识。

1.能效标识制度的发展历程

从2004年8月制度建立开始，能效标识制度这十几年来经历了什么样的发展呢？让我们来梳理它的成长足迹。中国能效标识制度主要的里程碑活动如表3-2所示。

表3-2　中国能效标识制度成长足迹

时间	里程碑式活动
2004 年 8 月	制度建立，《能源效率标识管理办法》发布
2004 年 11 月	发布首批产品目录，空调和冰箱率先实施
2005 年 1 月	开通能效标识官方网站，统一备案窗口
2006 年 3 月	能效标识消费者认知度达 42.7%
2006 年 5 月	创新核验手段，组织市场购样检测
2008 年 9 月	覆盖产品首次超过 10 类
2009 年 3 月	增加管理措施，开展实验室备案
2010 年 9 月	覆盖产品首次超过 20 类
2010 年 8 月	加强信息管理，组织超高能效产品信息核实
2010 年 9 月	能效标识消费者认知度达 60%以上
2010 年 12 月	市场上粘贴能效标识的产品超过 30 多亿
2013 年 6 月	简化管理流程，实现无纸化备案模式

续表

时间	里程碑式活动
2013 年 8 月	首次开展全国性的大型打击能效虚标检查
2014 年 6 月	运用信息化手段升级能效标识
2015 年 3 月	覆盖产品首次超过 30 类
2015 年 4 月	市场上粘贴能效标识的产品达到数百亿
2015 年 5 月	能效标识消费者认知度达 98．1%
2016 年 2 月	新版《能源效率标识管理办法》发布实施

★数据来源：彭妍妍，张新，林翎，夏玉娟．中国能效标识制度实施框架和历程．制冷与空调 [J]. 2016，16（1）：70−71，93.

2.实施模式

为了提高能效标识的实施效率，降低制造商的成本，同时维护标识的符合性（也就是信息的完整、准确和真实），以及便于市场监管，目前，我国能效标识制度采用的是“企业自我声明/企业能效数据的备案，强化市场监管”的模式。国家发改委和原国家质检总局对列入《目录》的产品建立抽检制度，对于加施能效标识的产品的能源效率等级信息进行定期和不定期的抽检核实。

企业自我声明实施能效标识主要表现在以下几个方面：

（1）企业自行检测产品能效；

（2）企业依据检测结果和相关标准自行确定标识信息，包括确定产品能效等级；

（3）企业依据相关要求自行印制标识；

（4）企业自行粘贴标识；

（5）企业对标识信息的准确性负责，并接受监督检查。生产者或进口商应当自使用能效标识之日起30日内，向授权机构备案。

商品的生产者和进口商应当对列入目录的用能产品标注能效标识，根据国家统一规定的能效标识样式、规格以及标注规定印制和使用能效标识，并在产品包装物上或者使用说明书中予以说明。同时，新版办法还特别规定，列入《目录》的产品若通过网络交易的，还应当在产品信息展示主页面醒目位置展示相应的能效标识。也就是说，只要是在目录里面的商品，不论是在实体店面，还是在购物网站，消费者都能看到能效标识的身影，而且销售者必须有责任、有义务去标明能效标识。

3.哪些产品必须贴标？

截至2016年底，国家发改委、质检总局、认监委共同发布了13批产品目录，必须标注能效标识的产品包括家用电冰箱、房间空气调节器、家用电动洗衣机、单元式空气调节机、自镇流荧光灯、高压钠灯、冷水机组、中小型三相异步电动机、家用燃气快速热水器和燃气采暖热水炉、转速可控型房间空气调节器、多联式空调、储水式电热水器、家用电磁灶、计算机显示器、复印机、打印机和传真机、自动电饭锅、交流电风扇、交流接触器、容积式空气压缩机、电力变压器、通风机、平板电视、家用和类似用途微波炉、数字电视接收器、远置冷凝机组冷藏陈列柜、家用太阳能热水系统、微型计算机、吸油烟机、热泵热水机（器）、家用燃气灶具、商用燃气灶具、水（地）源热泵机组、溴化锂吸收式冷水机组、普通照明用非定向自镇流LED灯、投影机等33类产品。

4.中国能效标识标签长什么样?

随着新版《管理办法》的发布，能效标识也进行了升级。之前我们经常见到的旧版能效标识是蓝白背景、一般背部有黏性，顶部标有“中国能效标识（CHINA ENERGY LABEL）字样的彩色标签，一般粘贴在产品的正面面板上（图3–16旧版能效标识）。

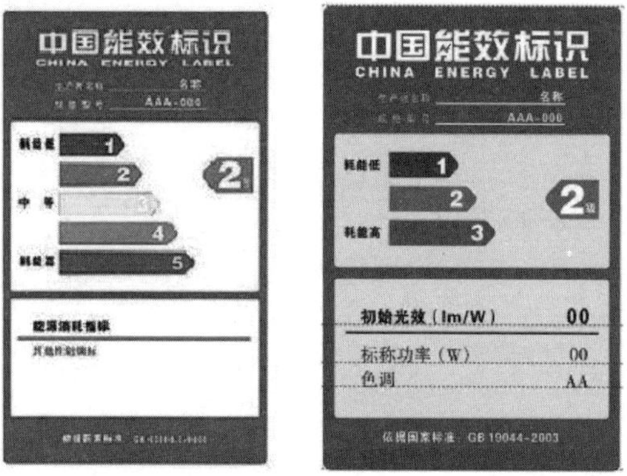

图3–16　旧版能效标识

根据产品执行的能源效率国家标准，有两种等级划分方式。一种分为5个等级：等级1表示产品达到国际先进水平，最节电，即耗能最低；等级2表示比较节电；等级3表示产品的能源效率为我国市场的平均水平；等级4表示产品能源效率低于市场平均水平；等级5是市场准入指标，低于该等级要求的产品不允许生产和销售。另一种分为3个等级：等级1表示产品最节电，即耗能最低；达到等级2即可称为节能型产品；等级3为市场准入指标。此外，标识上还包括了产品的生产者、规格型号、能源消耗量、执行的能源效率国家标准编号等基本信息。

2016年5月，中国能效标识2.0版本正式发布。新版的标识除了上述基本信息之外，最显著的变化是增加了二维码区域（图3-17能效标识2.0）。

图3-17 能效标识2.0

消费者及执法部门可以通过扫描二维码，进入能效标识信息平台，获取用能产品的能效信息、能效备案号、产品能效质量抽查情况，核实家电质量。不仅于此，我们还能在页面中看到品质维修、保养耗材、说明书、常见问题等。也就是说，一款产品的“选”“用”“修”“换”等一系列信息都实现了公开透明，让消费者能够更便捷地选购、保养、维修和更新家电产品（图3-18扫描二维码得到的界面）。

二、中国能效标识取得的成果

通过能效标准的实施和监督，将会逐渐淘汰高耗能、对环境污染较大和成本效益差的产品。能效标准在规范市场准入、引导和调控能源经济运行、维护公平竞争、为消费者提供直接可靠的能效信息方面，乃至推动社会节能方面都发挥了巨大作用，取得了明显的经济、节能和环保效益。

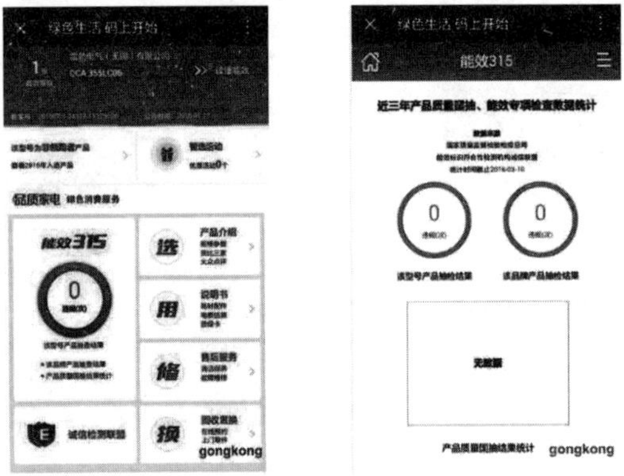

图3-18　扫描二维码得到的界面

自2005年正式启动以来，我国强制性的能效标识制度已实施15年，覆盖了5大类共计33种用能产品，截至2016年1月的统计数据显示，共有1万多家生产企业主动参与了标识制度的实施，为他们生产和上市销售的90多万个型号的产品粘贴了能效标识，其中节能产品（能效等级为1级和2级）型号占比约为62%，对终端用能产品的消费和使用产生了深远的影响。

近些年来，近18亿个贴有能效标识的家电产品、近百亿支照明产品、约2亿台办公室设备、超过千万台商用设备被销售，为消费者的购买决策提供了重要的参考，能效质量日益引起社会各界重视。据统计，能效标识实施10年累计带来了超过4400亿千瓦时的节电量，社会和经济效益显著。对实现“十二五”规划期间单位国内生产总值能源消耗降低16%的约束性指标具有显著的推动作用。家用电器能效标识目标产品共计13种，是占比最高的产品领域，也是最有代表性的目标产品。以家用电器为例，十年间其受影响产品的销量迅速增加，从2005年不足1亿台快速增长至2014年的近18亿台。每年提交备案申请的企业和产品型号逐年增加。从“十一五”到“十二五”期间，企业备案产品型号急剧增加，从18万增加到43万个，翻了一番多。从企业和产品型号数量看，在国际上都是史无前例的。

三、能效“领跑者”是个怎样的制度?

为落实国务院《2014-2015年节能减排低碳发展行动方案》(国办发〔2014〕23号)、《关于加快发展节能环保产业的意见》(国发〔2013〕30号)和《大气污染防治行动计划》(国发〔2013〕37号)，国家发展改革委等7部委研究制定了《能效“领跑者”制度实施方案》。

建立能效“领跑者”制度，可以通过树立标杆、政策激励、提高标准，形成推动终端用能产品、高耗能行业、公共机构能效水平不断提升的长效机制，促进节能减排。能效“领跑者”制度实施范围包括三类：终端用能产品、高耗能行业和公共机构。不仅包括了最终的产品，还涵盖了组织机构。

用能产品中包含变频空调、电冰箱、滚筒洗衣机、平板电视等家电产品。用能产品能效“领跑者”对产品的方方面面都提出了高要求，比如能效水平要达到能效国家标准的1级能效以上，且为同类型可比产品中能源效率领先的产品；要采用先进高效的节能技术和零配件，产品的全生命周期能耗较低；还要获得国家采信的节能产品认证证书，具有国家认可实验室的第三方能源效率检测报告；同时，产品质量性能优良，近一年内产品质量国家监督抽查中，该品牌产品无不合格；产品为量产的定型产品；生产企业为中国大陆境内合法的独立法人，具备完备的质量管理体系、健全的供应体系和良好的售后服务能力，承诺“领跑者”产品在主流销售渠道正常供货。

能效“领跑者”的入围采用企业自愿申报、专家评审、社会公示等方式。用能产品能效“领跑者”目录每年发布两次。

入围产品的生产企业可在品牌宣传、产品营销中使用能效“领跑者”标志。列入目录的产品，可以在产品明显位置或包装上使用能效“领跑者”标志（标志样式见图3-19），也可在能效标识本体上直接印制能效“领跑者”标志。

图3-19　能效“领跑者”标志图

四、节能节水标志中的节能标志和中国能效标识有什么区别?

节能节水标志和中国能效标识都是带有节约意义的标志，并且都是市场上比较普遍的认证标识，消费者经常会将两者相混淆。节能节水认证是指依据国家相关的节能节水产品认证标准和技术要求，按照国际上通行的产品质量认证规定与程序，经认证机构确认，并通过颁布认证证书和节能标志，来证明某一产品符合相应标准和节能节水要求的活动。作用在于通过开展资源节约认证，促使消费者对该类产品的主动消费，引导和鼓励节能节水产品的推广和技术水平的进步。

能效标识是强制实施，凡是列入《中华人民共和国实行能源效率标识的产品目录》的产品，都必须有能效标识才可以在市面上销售，否则会被处罚。而节能标志是自愿性认证，没有节能标志的产品也是可以销售的。从标准指标上说，节能标志指标一般严于能效标识中的能耗平均水平（图3-20节能标志和能效标识的区别）。

图3-20　节能标志和能效标识的区别

第六节　绿色印刷

一、绿色印刷的简介

1.绿色印刷的含义

通常意义讲绿色印刷指采用环保性版材和承印及辅助材料、印制工艺符合环保及节能减排要求、印刷品废弃后易于回收再生的印刷方式。

绿色印刷既包括环保印刷材料与辅料的使用、节材节能与环保的印刷与制作工艺过程，又包括印刷品在流通销售及使用过程中的安全性、印刷品的回收处理及可循环利用。

绿色印刷强调对印前、印刷和印后加工整个过程的评价与环境行为的控制，即在印刷品设计、原材料选择、印刷与制作、印品使用与回收等整个生命周期均应符合环保要求。

2.绿色印刷的主要特征

一般而言，绿色印刷应具有以下基本特征：

（1）节约材料、工艺适度。印刷品在满足方便流通与销售、保护产品、使用等功能条件下，在整个过程中使用最少的原辅材料和适度的印刷制作工艺。

（2）节能减排、减少危害。原辅材料生产、设备制造、印刷制作、印品使用与废弃物回收处理等过程中，使用最少的能源、最少的VOCs排放。

（3）环保生产、保障安全。原辅材料的生产与使用、设备的制造与使用、与印品的印制与流通、产品的使用及废物回收处理等整个过程不会对人和环境造成影响，保障人身安全和食品包装安全。

绿色印刷产业与民生关系密切，在企业转型和产业结构调整中发挥重要作用。只有坚持政府在实施绿色印刷战略中的主导作用，重视市场机制作用，实现市场资源的合理配置和优化组合，才是发展绿色印刷产业的路径。

二、绿色印刷的发展历程

1.行业状况

印刷行业涉及面非常广泛，为了清楚说明，选择行业占比最大的三类印刷方式来做介绍：

（1）平版印刷

平版印刷是一种间接印刷方式，印刷时印版上的图文先印在中间载体——橡皮布上，橡皮布表面涂有一层橡胶，所以，平版印刷也叫作“胶印”。在印刷行业中平版印刷应用范围十分广泛，包括报纸、书籍、杂志、海报、包装、纸盒、标签、文化用品、服装吊牌以及其他彩色印刷及大数量之印刷物。平版印刷是印刷领域中所占份额最大的印刷方式。目前，单张纸胶印机特别是大型机型的印刷速度可以达到1.7万-1.8万印张/小时。平版印刷使用的印刷机印刷幅面大、印刷速度快。许多平版印刷机安装有自动输墨、自动校色、套准系统，有的印刷机还配备了自动上版、卸版装置，印刷质量好，印刷效率高。经过近一个世纪的迅速发展，平版印刷技术已日趋成熟。2007年下半年，国家加大了宏观调控力度，相继出台了一系列节能减排和淘汰落后产能的政策。在此背景下设计，围绕节省成本和工序、降低能耗、开发增值服务和实现环保的“绿色革命”，已在中国印刷业展开。

商业印刷要求印刷时间短，印刷质量好，短版化已成为一种趋势。目前，平版轮转胶印已经能够印刷出高质量的产品。平版胶印的投资门槛不再是高不可攀，低价竞争成为一些印刷厂生存的手段，一定程度上让平版胶印走进了低价竞争的怪圈。窄幅柔性版印刷正在蚕食一部分标签胶印业务；而凹版印刷在长版包装印刷市场中，依旧是胶印最强劲的对手，数码印刷也在分流一部分短版胶印活件。在环境保护的呼声中，平版胶印生产中排放的VOCs和胶印油墨中的重金属正在受到限制，上述因素构成了单张纸平版印刷的压力，在一定程度上左右着平版印刷的发展方向。

目前，我国短版商业印刷主要集中在华东地区，特别是长江三角洲地区，以广告公司、快印企业、包装和商标印刷企业居多；印刷设备配置多样化，既有轻印刷型小胶印机，也有重型机概念的商务型小胶印机，还有数码印刷机和生产型打印机、多功能一体机；单色重型机的拥有者以长江以南居多，主要分布在短版印刷企业、票据印刷厂和商标印刷厂。从短版印刷行业的发展水平和市场需求来看，经济和商务发达地区，短版印刷业也相对发达；民营企业发展步伐比较快，更愿意接受新技术。

（2）商业票据印刷

商业票据印刷是采用一种窄幅面卷筒纸，在承印物不脱离设备的情况下利用（平版、凸版、柔印、凹印、网印、数字）两种或两种以上印刷工艺，完成加工产品的印刷方式。商业票据印刷在市场上应用范围十分广泛，包括银行支票、税务发票、直邮单据、海关报单、保单、商用表格以及其他商业票据印刷物。

在我国，经过多年的发展，商业票据轮转印刷已形成规模，目前以商业票据轮转印刷设备为主体和其他设备配套已经形成了商业票据印刷特有领域，采用胶印、凸印、柔性印、号码印刷等多种印刷滚筒在同一个印刷机组上互换的方法广泛地运用于商业票据印刷。截至2011年底，粗具规模商业票据印刷企业有一千多家，年产值200多亿（初步统计）。

随着商业票据印刷行业的设备革新、技术创新和原辅材料更新，不利于环境的因素也由此产生，如：胶印、凸印、柔性版印刷、凹印、丝网印刷、数字印刷多种印刷方式一机完成所生VOCs排放问题、危险废弃物的处置问题、多种原辅材料使用的环保问题等，都需要合理的措施和有效的控制。

为此，急需建立一个以工作环境为导向，以环保意识为核心的一种新的环保导向性标准——“环境标志产品技术要求 印刷 第二部分：商业票据印刷”标准。通过运用环境监测分析、企业环保体制建设，达到提高商业票据轮转机印刷业环境保护能力和适应绿色印刷能力。

“环境标志产品技术要求　印刷　第二部分：商业票据印刷”标准的建立，填补了票据印刷行业环保标准的空白，使票据印刷业有了环境认证的基本依据，同时对社会环境问题、对从业者的自身环境保护意识都有了重要的促进作用和参考依据。

（3）凹版印刷

凹版印刷是四大印刷方式中的一种，其原理是将油墨从印版凹下的部分传送到承印物上。凹版印刷具有印刷品墨层厚实、颜色鲜艳、饱和度高、印版耐印率高、印品质量稳定、印刷速度快等优点。

我国凹版印刷行业从无到有，从小到大迅速发展。随着市场经济的不断发展，涌现出许多技术领先、经济效益突出的骨干凹印企业，截至目前具有一定规模的凹版印刷企业已达3000余家，特别是不少企业已经居于世界领先水平。在国内，凹印主要用于塑料、纸张等包装装潢印刷，同时在木纹装饰、皮革、金属铝箔等材料上得到广泛应用。特别是在食品、饮料、卷烟、医药、保健品、化妆品、洗涤用品以及服装等方面得到迅猛发展。在中国印刷100强企业中，大部分为凹版印刷企业，凹版印刷已经成为我们印刷行业的主要力量。

随着凹版印刷行业的设备革新、技术创新和原辅材料更新，不利于环境的因素也由此产生，如：凹印油墨稀释过程所生VOCs排放问题、凹印版辊的电镀废水污染问题、危险废弃物的处置问题等，都需要合理的措施和有效地控制。

2.绿色印刷的政策

2010年9月14日，时任新闻出版总署署长柳斌杰和原环境保护部部长周生贤正式签署了《实施绿色印刷战略合作协议》。

2011年3月2日，原环境保护部发布了国家环境保护标准《环境标志产品技术要求　印刷　第一部分　平版印刷》（HJ 2503-2011）。该标准针对油墨、纸张、上光油、胶粘剂、喷粉、润版液等原辅材料的环境要求、印刷加工工艺的要求以及印刷产品的环境要求，包括锑（Sb）、砷（As）、钡（Ba）、铅（Pb）、镉（Cd）、铬（Cr）、汞（Hg）和硒（Se）八大元素和挥发性有机化合物进行要求。

2011年10月8日，新闻出版总署和原环境保护部共同印发《关于实施绿色印刷的公告》（新闻出版总署公告〔2011〕第2号），明确了实施绿色印刷的指导思想、范围目标、绿色印刷标准、绿色印刷认证等，对推进绿色印刷的实施做了全面部署。

2012年4月6日，新闻出版总署、教育部、原环境保护部联合发布《关于中小学教科书实施绿色印刷的通知》。

2012年11月16日，原环境保护部发布了国家环境保护标准《环境标志产品技术要求　印刷　第二部分　商业票据印刷》（HJ 2530-2012）。该标准针对油墨、润湿液、胶黏剂、清洗剂、承印物、印版、紫外光固化灯等原辅材料的环境要求、印刷加工工艺的要求以及印刷产品的环境要求，包括锑（Sb）、砷（As）、钡（Ba）、铅（Pb）、镉（Cd）、铬（Cr）、汞（Hg）和硒（Se）八大元素和挥发性有机化合物进行要求。

2014年9月28日，原环境保护部发布了国家环境保护标准《环境标志产品技术要求　印刷　第三部分　凹版印刷》（HJ 2539-2014）。该标准是针对油墨、承印物、胶粘剂、稀释剂、清洗剂、印版等原辅材料的环境要求以及印刷加工工艺的要求。

3.绿色印刷的实施

通过安装处理装置、治理技术等，使全国软包装印刷的VOCs排放总量减少了约6%。通过实施绿色印刷我国印刷行业挥发性有机化合物（VOCs）的排放量每年减少1.5%左右。因采用中央供墨系统、环保烘箱、中央供气系统等节能措施使全行业设备能耗降低约15%，CTP版材使用量已经超过胶印版材使用总量的70%以上，环保油墨使用量已经占到油墨使用总量的28%，预涂膜使用量已经占到覆膜总量的25%；50%的中小微印刷企业制定了环保制度，采取了节能减排措施；有55%的印刷从业人员改善了工作条件。绿色印刷制度的推广，使印刷全产业链上下游技术创新成为热点，绿色印刷产业的空间格局、产业结构、生产生活方式逐渐形成。许多国家印刷示范企业和印刷设备器材厂商的绿色印刷技术开发项目获得政府多种资金支持。50%的中小微印刷企业制定了环保制度，采取了节能减排措施。

绿色印刷认证体系已建立，获得中国环境标志绿色印刷认证企业，营业总收入已占印刷业的近16%。印刷从业者参加绿色印刷培训已超过60万人次。据31个省（区、市）统计，13亿册中小学教科书已经实现了绿色印刷全覆盖，北京、上海等地的部分婴幼儿读物也开始实施绿色印刷。近55%的印刷从业者的工作环境得到了改善。绿色印刷从印刷过程扩展到出版、发行等新闻出版全产业链，涉及全国40%的出版社。印有“中国环境标志”和“绿色印刷产品”的教科书和教辅材料，进入中小学生的日常学习生活中，使广大家长和孩子们都对环境友好产品有了生动的认识，培育了人民群众特别是青少年的环保理念，已经成为广大企业和消费者优先采购的产品，是社会选择绿色产品的重要依据。

绿色发展理念已经从印刷过程扩展到整个产业链，提升了整个产业的素质。印刷原辅材料供应商也积极踊跃实施环境标志产品认证。绿色印刷材料供应平台已基本建立，环保纸张、版材、油墨、黏合剂、预涂膜、清洗剂、润版液等10类绿色印刷原辅材料供应商家已经接近90家，基本构建了绿色印刷供应链。

截至2016年12月，平版印刷获证企业达872家，商业票据印刷获证企业达143家，凹版印刷获证企业达26家。共计1041家。企业积极采用数字环保新技术、改进现有生产工艺流程。全国CTP和数字化工作流程装机总量15000多台（套），无溶剂复合机总装机量超过800台。我国印刷企业的绿色印制服务能力稳步提升，一些绿色印刷示范企业已经获得了国际市场的认可。通过实施绿色印刷战略，印刷行业环保建设取得积极成效，为全行业绿色发展奠定了基础。

三、绿色印刷的发展方向

1.原材料

虽然绿色印刷通过一系列标准要求，规范了印刷用原辅材料的环保特性，但目前印刷行业中所用的原辅材料在环保要求中还有很大的局限性。以油墨为例目前印刷行业中广泛使用的还是传统的溶剂型油墨，溶剂型油墨由颜料、连结料、溶剂、填充剂和辅助剂组成，所用的溶剂主要是酯类、酮类、醚类等有机溶剂，这些溶剂大都具有毒性，会污染所包装的刊物、食品、药物和化妆品等物品。水性油墨在性能方面还不能完全满足要求。在印刷业原料“绿”化的路上还有很长的路要走，积极研发环保原料完善绿色印刷原辅材料的要求是未来的努力方向之一。

2.环保工艺

在绿色印刷实施的几年以来，绿色印刷的理念已深入人心，但很多印刷企业为了经营的需要还在使用过度加工的工艺和不环保的工艺加工印刷品，导致了“买环保原料，加工出不环保产品”的现象出现，在生产工艺的环保要求上需要出台更加完善的管理要求。

3.废气治理

绿色印刷强调前端控制，但不意味着放松末端治理。尤其是在近几年关注的焦点问题——探索挥发性有机化合物的治理上，由于没有成熟的治理方案，导致危险废弃物产量加大、二次污染现象出现，成熟废气治理关键技术的推广势在必行。

4.政策支持

绿色印刷从2011年启动以来，得到了相关政策的支持，党的十九大报告提出加快生态文明体制改革，建设美丽中国，为中国环境标志的发展指明了方向。未来一段时期，中国环境标志工作将以生态文明为中心，以保护环境建设美丽中国为目标，引导企业调整产业结构，开发和生产环境友好型产品。绿色印刷将服务于这一宗旨，加大绿色印刷实施力度，扩大绿色印刷实施范围，引导印刷行业转型、升级、蜕变。绿色印刷正在默默改变我们的生活环境，绿色印刷引领绿色消费！

第四章

“共享经济”模式下的绿色消费

曾几何时，当我们清早出门上班的时候，突然发现一夜之间，蓝色的、黄色、绿色的共享单车布满了大街小巷。随后共享雨伞、共享酒店等等层出不穷，忽然间，“共享经济”已从概念变成了现实。

事实告诉我们，我们正步入共享经济的时代，越来越多的人致力于努力挖掘平台与个人的重要价值，“共享”二字蕴含着无限的想象空间。

第一节　共享经济——全新的供需关系

一、概述

传统经济发展所基于的理念是，财富是通过囤积资产再将其售卖累积起来的。这就是我们发明专利、版权、商业机密、证书和保密条例等的原因，也是你我买车、买CD、买书、买房等，买一切种种的缘由。我们都会存储东西，将它们放在身边保存好，相信这就是我们（包括个人、企业、机构和政府在内）获取价值的方式。这样做的结果就是造成了巨大的损失——本可以被充分利用的产能严重过剩，资源没有被充分利用而浪费。

而在这个变化迅捷的世界里，人人共享使我们以前所未有的速度、规模和品质发生着改变。创造力、创新、复原力和信息冗余是每一个共享组织的本质特征。

这个时代所需要的结构是：我们可以在这样的平台上快速地试验、试错、迭代和进化。以更节省成本、更快速的方式来解决问题，能将全球化的问题通过本地化来解决。老旧的工业化经济模型无法解决气候变化带来的问题，因为发展得太慢、太没有效率、太过孤立。人人共享正在使我们的经济发生翻天覆地的变化，为日益稀缺的资源问题给出了解决方案。

共享经济的基础以“云计算、大数据、宽带网络与智能终端”这四种力量奠定，催生“共享经济”的新形态。它改变着我们传统的对物的“拥有”“产权”等观念，转变为“使用”“信任”“合作”。“共享平台”“人人参与”改变着我们的政府、企业与人的角色，冲击着现有社会的分工与监管。产业互联网的时代正在到来。在共享经济下，互联的商业模式也从“免费”改变成为按时间、质量、场景等“类运营商”的新模式。要理解、拥抱这些巨变，只有解放思想，不断学习与实践。

共享经济能为我们带来什么是一场深刻的革命，它不仅会影响我们的各种行业，也深刻地影响着我们的生活习惯与行为，给这个社会带来新的经济秩序，这也给每个行业、每个人带来了新的机遇与挑战。

共享经济揭示的不仅仅是一场资源革命（资源使用最优化），更是前所未有的生产关系革命。首先，生产资料所有制演变为租用制，我未必拥有原料、工具、技能和时间，但皆可租得。其次，产品的分配不再是一次性的，而是通过新型的协作性消费关系反复分配，臻于价值最大化，这就是当前的共享经济。再次，生产和交换过程的参与主体个人化。这种社会组织形态比“U盘化生存”（自带信息，不装系统、随时插拔、自由协作）更丰富，也超越了“产消合一”。个人既有独立意志和利益诉求，又能利用平台参与大规模的知识分享和协作性创造，实现大创新，解决人类面临的大危机。

由此我们可以初步的定义“共享经济”是一种借助网络等第三方平台，基于闲置资源使用权（资产或技能）的暂时性转移，实现生产要素的社会化，提高存量资产的使用效率，释放过剩产能，以创造更多价值，促进社会经济的可持续发展的经济新模式。

《共享经济：重构未来商业新模式》一书的作者罗宾·蔡斯为共享经济的特征给出了答案：“在当今这个（资源）稀缺的世界里，人人共享组织可以创造出富足。通过利用已有的资源，如有形资产、技术、网络、设备、数据、经验和流程等，这些组织可以以指数级成长。”“放弃‘我拥有’，追求‘我创造’”，揭示了共享经济对人的权利的发展——从拥有权、使用权到创造权。

共享经济的主要特征概括如下：

（1）技术特征：基于互联网平台。正是因为有了互联网尤其是智能终端的迅速普及，使得海量的供给方与需求方得以迅速建立联系。互联网平台并不直接提供产品或服务，而是将参与者连接起来，提供即时、便捷、高效的技术支持、信息服务和信用保障。离开互联网，现代意义上的分享经济将不复存在。

（2）主体特征：大众参与。足够多的供方和足够多的需方共同参与是分享经济得以发展的前提条件。互联网平台的开放性使得普通个体只要拥有一定的资源和一技之长，就可以很方便地参与到分享经济中来。同时，分享经济属于典型的双边市场，即供需双方通过平台进行交易，一方参与者越多，另一方得到的收益越大，两个群体相互吸引，相互促进，网络效应得到进一步放大。在分享经济中，参与者往往既是生产者又是消费者，个体潜能与价值得到最大限度发挥。

（3）客体特征：资源要素的快速流动与高效配置。现实世界的资源是有限的，但闲置与浪费也普遍存在，如空闲的车库、房间、设备、时间等。分享经济就是要将这些海量的、分散的各类资源通过网络整合起来，让其发挥最大效用，满足日益增长的多样化需求，实现“稀缺中的富足”。

（4）行为特征：权属关系的新变化。一般而言，分享经济主要通过所有权与使用权的分离，采用以租代买、以租代售等方式让渡产品或服务的部分使用权，实现资源利用效率的最大化。从实践发展看，分享经济将渗透更多的领域，股权众筹等业态的出现已经涉及所有权的分享。

（5）效果特征：用户体验最佳。在信息技术的作用下，分享经济极大地降低了交易成本，能够以快速、便捷、低成本、多样化的方式满足消费者的个性化需求。用户评价能够得到及时、公开、透明的反馈，会对其他消费者的选择产生直接影响，这将推动平台与供给方努力改进服务，注重提升用户体验。

（6）文化特征：“不求拥有，但求所用”。分享经济较好地满足了人性中固有的社会化交往、分享和自我实现的需求，也顺应了当前人类环保意识的觉醒。

共享经济正成为人类的又一次产权制度革命，正在创造一个既非公有经济，亦非私有经济的混合所有制的新产权制度，解决了纠缠人类已久的公私矛盾，让财富之泉通过共享而尽情喷涌。

当前，全球性的共享经济正在高速发展，正在成为经济增长的新亮点。共享经济是另外一种路径的资源革命，不仅具有极大的商业价值，还有极其深刻的社会意义。它将改变我们对于经济形态、自身工作方式、企业创办方式的认识，同时将帮助我们解决最为棘手的社会问题。

二、共享经济的价值

共享经济模式诞生以来所创造的价值，我们可以借助以下几个数据来建立直观的认识：

酒店住宿领域：Airbnb成立9年就拥有了超过2300万用户，每晚平均有50万以上住户，多于全球连锁希尔顿酒店的日住户量的22%；虽然其并没有自有的房产、床铺甚至浴室，但平台上已提供多达150万间房屋可供交易，相比之下全球连锁酒店希尔顿酒店也只有68万间房源可供选择；Airbnb估值约250亿美元，超过凯悦酒店与万豪酒店集团的估值，但Airbnb平台上交易的房屋也并非自己所有。这类以轻资产运营的共享经济型企业的估值溢价，充分显示了市场对于其商业模式和发展前景的认可及支持。

交通出行领域：成立5年的Uber在2014年已实现1.4亿乘坐频次，实现了每日16万人次的乘坐频率，美国旧金山每年的出租车市场规模约1.4亿美元，而与此同时Uber在旧金山的业务收入高达5亿美元，是整个旧金山出租车市场的三倍之多，而且仍在以每天200%的速度增加。

共享经济企业在运营模式与成本结构方面的独特优势，相比传统企业享受更多估值的溢价。根据Bloomberg数据显示，截至2015年初共享型企业融资总规模达到160亿美元左右。对比同行业下不同模式的差异，Uber当前估值已达到500亿美元，同类汽车生产商Ford和GM的估值接近600亿美元，但Uber平台上的车辆并非其所有。

共享经济模式的企业大多数诞生于2008年之后，伴随共享经济模式的快速发展，不少企业已经成长为资产数十亿美元级别的公司。从市场规模来看，全球范围内共享经济中五大主要行业（P2P借贷和众筹、在线雇佣、住宿、租车、音乐和影视流动）的市场规模预计将在2025年达到3350亿美元。

在用户规模方面，目前共享经济发展相对成熟的三个国家美国、英国以及加拿大统计其参与共享经济的用户规模及占比：据统计，截至2014年，美国、英国、加拿大三大共享经济国家分别已有1.2亿、3300万和1400万人口参与共享经济了，其中英国参与共享经济的人数规模已经超过了50%的比例，加拿大和美国则分别为41%和39%。

“共享经济”是对旧式的产业是巨大的挑战，对整个社会也是如此。共享经济的益处是明显的：所有者通过分享自己的资产，为其赋予了多种用途，既能够为自己带来收益，也能够创造出更好的社会和经济效益。

未来10年，“共享经济”有望实现超过万亿的市场容量。

三、共享经济产生的经济背景

共享经济产生的经济背景是产能和供给过剩，这也是共享经济发展的前提。共享经济的迅速崛起和发展并非偶然，产能和供给过剩等社会经济背景是推动共享经济发展的前提。市场经济下产能扩张与收缩交替演化的周期性使得当前很多行业都面临产能过剩问题，包括中国在内的发展中国家也日益从一个所谓的短缺经济迈向一个供给过剩的经济形态。这期间冗余或者过剩产能所形成的物质基础也就为共享经济提供了一个巨大的“产能供给池”。以全球汽车行业为例，根据OICA（全球性的汽车制造商组织）提供的相关数据显示，2014年1-12月份，全球主要汽车制造商累计生产汽车8990万辆同比增长3%，其中客用车量产量也达到8600万辆，同比增长2.7%。通过对比全球客车的年产量和在用车数量，平均约50%的使用率表明汽车产业的产能已大大超越了实际使用需求。

我国的钢铁和建材等行业也同样存在产能和供给过剩。中国是全球水泥生产大国。改革开放以来，受益于国内外经济高速增长，中国水泥产能迅速跃居世界第一，技术和装备制造水平均为国际一流。与此同时，作为资源能源消耗型产业，水泥行业在长期粗放式发展模式下，也积累了结构性产能过剩的沉疴顽疾。随着中国经济增速放缓、水泥行业从高速增长期进入平台过渡期，这一矛盾更加凸显。水泥产能预计超过40亿吨，产能利用率仅为50%左右。钢铁行业2016年全国去过剩产能6000万吨，2018年还要去产能1亿吨。

传统商业模式下供需双方之间存在着巨大的交易成本，包括组织臃肿导致的沟通与协调障碍和代理人成本等，这些都推动消费者和创业者寻找是否存在更低交易成本商业模式的可能性。

以传统商业模式的产业链来看，最终到达消费者手中的消费品从最初的上游原材料为起点，便开始了商品价值增值与成本损耗增加的过程，排除供应商之间交易环节造成的各种耗费，仅就生产制造商就要面对采购进货、仓储、研发、财务及行政管理、销售及渠道维护等各个环节形成的高额成本及各种摩擦造成的隐形成本与损耗。寻求商业模式和交易方式的突破，摆脱现有模式的困局是传统行业的探寻方向，也倒逼了传统企业探索共享经济模式。

四、实现共享的技术条件

移动互联网的广泛普及，及大数据和云计算等领域的大范围应用，共同构成了共享经济的技术前提。互联网、移动互联网的发展让供需信息实现实时、精准的高效匹配。同时，移动互联网乐于分享的特性使得信息能够充分地流动。

技术的进步首先体现在互联网用户规模的增长和互联网站的快速增加。据Internet Live Stats的统计，全球互联网用户已经达到30亿人，而总的网站数量也即将逼近10亿个。快速增长的用户规模和互联网产品供给都让我们看到互联网时代日新月异的技术进步所带来的从量到质的飞跃。智能手机的快速普及为随时随地的匹配供需需求奠定了重要前提。

大数据和云计算的发展也为共享经济做了很好的技术铺垫。在信息数据急剧增长的今天，大数据的应用开始以极快的增速创造价值。近年来全球数据存储量呈现爆炸式增长，美国互联网数据中心指出，互联网上的数据每年将增长50%，目前世界上90%的数据是最近才产生的。基于IDC预测，全球原始数据存储能力到2017年将达到7235EB。

五、共享经济的社会背景

城市化进程中人口密度及受教育程度增加，提高交易达成机会。根据联合国的预测数据，至2050年发展中国家和发达国家的城市化率将分别达到64.1%和85.9%，人口增长以及城市人口比重的增加造成人口的高密度集中，为共享资源和服务提供了更多交易撮合和达成的机会；日益扩大的收入差距以及全球危机造成的高失业率促使人们为同时从事多份工作来拓展收入来源，而且千禧一代对于就业的认识早已不同于他们的上一辈对就业定位于“稳定”的观念了。

从共享经济参与者的成分构成来看，年轻化、受高水平教育是共享型经济参与群体的主力军的写照。根据彭博新闻社2015年6月所撰的一篇关于共享经济的简评中所引用的数据，从共享经济参与者的年龄阶段来看，18-24岁的人群约占劳动力总量的37%，25-34岁的人群占到30%，即绝大部分参与者都在45岁以下；而对比美国劳动力占劳动力总量的分布，45-54岁的劳动人数是最多的，主要劳动年龄阶段集中在35-64岁之间，可见共享型经济促使劳动参与者的年龄组成更为年轻化，扩大了劳动就业的年龄范围。

从受教育程度来看，美国总人口中高中和本科毕业人数为主要组成部分，但在共享经济的参与者中，受过更高教育经历的大专生以及本科生则是参与的主力军，参与者的受教育整体水平较美国社会的平均受教育水平有很大提高，这种参与者整体受教育程度的提高正是伴随着美国社会化与城市化进程背景逐渐推进的。

第二节 “共享经济”与环境保护

环境保护是伴随着社会发展和经济建设而产生的，是要与经济建设和社会建设同步考虑的。一味地为保护而保护的做法是不可取的。那么环境保护的实质到底是什么？是高效率！就是高效率地利用一切资源，高效率地进行污染治理，高效率地实现能源转换，高效率地实现循环再利用。就是充分地做到物尽其用！抓到了“高效率”这个点，那么“共享”与“环保”就有了契合。“共享”的特征之一就是“过剩产能”的最大化利用，分享资源会带来最高效率，分享知识会带来最伟大的创新。

一、环境保护领域是否存在产能和资产过剩

美国最早的汽车互联网租赁公司Zipcar，就是通过租车形式来解决当今汽车出行的低效和弊端，日益严重的环境污染和能源紧缺等问题。

途家网联合创始人兼CEO罗军说：“这个社会资源越来越少，因为地球的产能是有限的；这个社会资源也越来越‘多’，因为人类对物质的不断占有，导致了极大的过剩与浪费。顺应时代、顺应需求、顺应科技，作为一名创业者，我坚信共享会让这个世界变得更美好。”

具体到环境保护的具体事务上，企业目前提到的最多的问题就是谁会以最经济的方式来解决我的环境问题。就从目前科技发展的水平而言任何的污染都能得到治理，但关键在于如何经济地治理？企业到哪里去找这种最经济的解决方案？对于社会而言就是解决环境问题的同时会不会又带来新的环境问题。这些问题“共享经济”能解决吗？

二、环境保护的“共享经济”基础

那么我们现在有什么环境保护过剩资产可供共享？回答是肯定的，我们拥有多年环境科学的研究成果、有效的污染治理技术、较为丰富的环境管理经验、经年累月存储的环境信息数据和平台、广大的环境保护产业企业、众多的环境保护人才，以及广大民众对自身健康和环境保护关注。这些都是我们宝贵的资源。

三、如何在环境保护领域实现“共享”

1.建立双向服务平台

对环境服务的创立者来说，就是要找到一开始就愿意把自己的技术、设备设施、服务和别人共享的人，把他们的资源（生产资料资源）分享给技术或服务的需求者。这就需要一个可以吸引这些需求者的网站或平台。可能就需要开发相应的功能，把现有网站或平台上拥有自己的技术、设备设施、服务的联系信息搜集到自己的资源库。因此，解决共享的最基础设施就是建设一个平台，一个双向的平台，需要同时获取用户和服务的平台。这个平台需要搜集或有人主动登录，搜寻环境问题的解决之道，这就是要有用户。当然，只有用户是远远不够的，还需要提供比他人更好的服务。

2.提供技术服务鉴定

当环境技术和服务资源越来越多，面临的新问题就是这些技术和服务的效果和质量如何鉴别，用户如何在选择技术和服务时建立信心，这就需要一个独立的、公正的第三方对这些技术和服务进行评价认证，以证实其实际绩效，鉴别这些技术和服务特征、效果、能力以及他们适用的范围，需要在这个层次做适当的技术和服务质量的竞争，使得这一平台也更有竞争力，同时也对后来加入的技术和服务的提供者形成了标准上的引导。

3.提供技术交易机制

建立技术或服务拥有者提供线上交易服务的机制，让他们摆脱线下拼搏。在广泛的国内和国外范围内寻找最好的供应商，然后把这些供应商搬到线上。这样他们既能带来客户，也能带来其他有客户的供应者，当平台有了第一批供应者以后，第二批也就跟着来了。区块链的思路不失为一种适宜的选择。

4.把握时机，切中需求

如何在环境保护领域开展“共享经济”的运作，把握时机至关重要。在最适合的时间，选择正确的切入点去拓展业务。

应先从企业出发，把握哪些企业的环境技术和服务有紧迫的供需问题。同时确定了这个供需不平衡最大点出现在什么时间，例如在本次环境督查过程中，很多企业就需要补齐环保欠账，就有人会需求选择这个平台来提取所需资源了。通过这种方式，可使平台获得用户，找到了技术和服务需求最大的一群客户。如果客户发现这种方式是方便、快捷、高效并有效的时候，那么使用群体的增加就只是时间问题了。

5.适宜营销，增加用户

用户数量是“共享经济”的一个瓶颈问题，环保领域也不例外。平台应该思考如何通过传统的市场营销去获得更多的客户。即如何从一千用户到一千万用户，以及增长到更多的用户。应该更有前瞻性并能把握增长的节奏，这是口碑传播所不具备的。这就必须利用数字化营销帮助公司通过广告或者社会化媒体以低成本的方式找到目标客户。更强的目的性，更低的成本，这是数字化营销可以做到的，而且可以分辨出哪些渠道的性价比更高。

第三节 “共享经济”与“绿色消费”

2016年2月，十部门印发关于促进绿色消费的指导意见的通知发改环资〔2016〕353号，通知指出，倡导绿色生活方式。支持发展共享经济，鼓励个人闲置资源有效利用，有序发展网络预约拼车、自有车辆租赁、民宿出租、旧物交换利用等，创新监管方式，完善信用体系。推进信息系统建设和数据共享共用。共享经济，符合资源节约、环境保护国策要求，是符合绿色发展理念的新经济模式，是绿色消费的具体体现。促进共享经济的发展，对于在全社会牢固树立绿色消费观念，实现生产方式和生活方式绿色化，加快建设资源节约型、环境友好型社会，早日迈进生态文明新时代，具有重大的现实意义和深远的历史意义。

支持发展共享经济的提法相对较新，有望成为促进绿色消费的催化剂。共享经济，代表了一种绿色的生活方式。它倡导社会大众互帮互助，最大限度地提高资源利用率，这种理念是非常先进的。比如，约车软件的流行，缓解了城市高峰期运力不足的矛盾，减少了私家车出行总量，既让民众出行变得便捷，又促进了节能减排，工信部近日就明确表态称对此“总体上持积极支持的态度”。

共享经济，也是一种创新驱动的产业形态。在“互联网+”已上升为国家战略的大背景下，基于互联网技术的创业、创新大有可为，共享经济已成一个“风口”。尽管共享经济出现的时间还不算长，但它显著地增加了绿色产品和服务的供给，给很多行业带来了深刻变革，并让普罗大众分享了创新和变革的红利。

在政策层面，共享经济理念已逐渐得到国家决策层的认可；在资本层面，众多共享经济型企业纷纷获得了大量融资。在全民创业的热潮之下，有很多共享经济模式的新项目如破土而出的雨后春笋。可以预见的是，只要中央为发展共享经济创造更好的环境，这种新经济形态将为促进绿色消费、绿色发展提供不竭动力。

第四节　结语

共享经济提供了一种新的思维方式，通过过剩资源的再利用，替代了传统的生产力。因为过剩，所以变得便宜；因为过剩，不需要再生产，所以环保；因为过剩，所以“顾客就是上帝”开始变成了“顾客也是服务者”，顾客也提供服务。这就是共享的力量。

共享经济正在很多传统行业掀起新的产业革命，包括消费形式和消费理念。未来80%以上的产业都将被共享经济所改变。在李克强总理倡导的“大众创业、万众创新”历史大潮中，更多的个人、组织和行业加入共享经济行业中。未来，我们的交通运输、教育、能源等一系列产业都将因为共享经济变得更高效、环保和节能，消费方式也会因为“共享”的加入变得更环保，更绿色。

第五章

未来的方向

当前，我国正处全面建成小康社会的决胜期，也是经济绿色转型和总体改善环境质量的攻坚期。从消费与生产、消费与环保之间的辩证关系看，大力推动绿色消费对转变发展方式、生活方式以及改善环境质量具有重要意义，且正当其时。政府、企业、消费者作为绿色消费的三大主体，未来应充分发挥各自作用，为绿色消费营造良好的环境氛围。

第一节　政府未来的行动

政府作为绿色消费的引导者，要使绿色消费在推动形成绿色发展方式和生活方式、改善环境治理体系中发挥应有作用，需将绿色消费纳入国家推动生态文明建设和环境保护工作的重要议事日程，系统谋划，做出顶层设计，全面解决推动绿色消费的立法、体制、政策和规划等问题。紧紧围绕环境质量改善这一核心命题进行制度设计，切中关键。同时，开展绿色消费政策创新须抓住全过程环境管理这条主线，将环保法律法规和各项政策要求通过消费环节传递至生产全过程。具体来说，我国应沿着六个方向强化和创新绿色消费制度与体制机制。

1.建立健全法律法规，增强科技支撑能力

绿色消费的推进需要法律、经济、科技等手段共同发力。通过专门法或在相关立法中，明确绿色消费的法律地位，界定相关主体责任和义务，建立政策体系。同时，优先考虑修改《政府采购法》，明确政府绿色采购的约束性规定，建立配套实施政策。从促进污染减排和改善环境质量的角度大力推动绿色消费工作，推进水、大气、土壤污染防治以及节水、节约能源、循环经济促进等法律法规制定和修订。按行业、领域制定符合生态环保要求的标准，加快实施“领跑者”制度。推行绿色信贷、绿色税收，加大对绿色产品研发、绿色技术推广的支持力度。

2.强化政府引导示范作用，形成各部门合力

按照绿色产品供给、流通、消费过程和消费后的回收利用等全过程各环节，构建绿色消费推动体制和配置政府部门的职能。明晰政府相关部门在推动绿色消费中的职能定位，建立部门联络机制，明确各自的职责范围、工作内容、考核方式、时间节点等，形成推动绿色消费的合力。加强对各级政府绿色指标和政绩的考核，督促地方制定适合绿色消费的战略规划，引导政府实现管理方式的转变。在邮政、医院、学校等领域，探索建立政府绿色消费协议制度，在公共服务部门优先使用绿色家具、桌椅、纸张、餐具、快递等。强制实施政府绿色采购，加快形成绿色消费市场。

3.明细责权，构建政府、企业和公众三位一体的推进机制

注重培育以市场为基础、居民消费者为主体、政府及社会团体为引领的推进机制。消费行为是众多个体的行为，消费选择是个人偏好，具有自愿性的特质。推动绿色消费，要在规范性约束的引导下，重点是从财税、信贷、价格、监管与市场信用等方面建立经济激励和市场驱动的制度，引导绿色产品的供给和居民消费的绿色选择。政府、企业和其他社会团体，可以通过强制性规定，实行绿色采购，发挥引领作用。同时，进一步强化企业和公众绿色消费的主体责任，积极鼓励企业和公众的环保自律和公开承诺，建立政府、企业和公众对话机制。

4.强化绿色消费手段应用，发挥污染减排政策的组合作用

以环境标志、绿色供应链、生产者和消费者责任延伸制等为抓手，从消费端推动重点行业污染减排。环境标志产品认证要进一步围绕“水、气、土”三大行动计划的重点行业产品展开，并探索生产性大宗消费品环境标志认证可行性，促进认证标准从终端产品向生产全过程扩展。积极引导并推动重点行业或产品绿色供应链试点，创新以大带小、企业管企业模式。落实生产者和消费者责任延伸制，建立产品设计、生产、消费与回收处置一体化综合管理体系。绿色消费手段的应用要与环评、排污许可等相关环境监管政策相衔接、相配合，形成激励与约束并重的污染减排组合政策。

5.培育和激发内生动力，实现正向激励和底线约束相互配合

强化企业环境信用评价，对企业进行守信激励、失信惩戒。对通过环境标志认证、环保“领跑者”以及实施绿色供应链的企业，应加大环境经济类政策的支持力度，对环保不良企业加强约束和警示。通过扩大加征消费税力度和范围、出台绿色消费信贷指导目录等手段，严格限制污染型和过渡型消费，积极扩大非物质性消费。对于积极实

施绿色供应链管理、通过基于生命周期标准认证的环境标志产品认证企业，适当减少日常执法监管频次，同时可在企业申领排污许可证、获得环保专项资金支持等方面给予优先考虑。由环保与金融部门合作开展试点，推动绿色供应链金融创新模式。

6.加大绿色消费宣传力度，推进信息公开，鼓励公众参与社会监督

利用消费者权益保障日、世界环境日等时机，开展一系列绿色消费的重大宣传活动；将绿色消费知识和信息纳入生产者、经销商的产品宣传之中，营造全社会关注绿色消费的氛围。开展企业—零售商—消费者的对话和信息沟通，及时反馈消费者对绿色产品的需求以及绿色产品供给。建立企业绿色产品相关信息公告制度，定期公开发布绿色产品相关信息。发挥行业协会作用，推动企业及公众环保自律。通过企业环境绩效进行业内排名、对污染严重、超标违规的企业进行业内曝光等，对企业的生产行为起到约束作用，督促企业绿色供应链的实施和完善。

7.通过绿色信息贷与企业绿色信用评级等经济手段，推进绿色消费

绿色信贷是金融杠杆在环保领域内的具体化，通过在金融信贷领域建立环境准入门槛。对限制和淘汰类新建项目，不得提供信贷支持；对于淘汰类项目，应停止各类形式的新增授信支持，并采取措施收回已发放的贷款，从源头上切断高耗能、高污染行业无序发展和盲目扩张的经济命脉，有效地切断严重违法者的资金链条，遏制其投资冲动，解决环境问题，也通过信贷发放进行产业结构调整。

企业绿色信用评级则是促使企业实现绿色发展的具体手段，企业环境行为等级分为好、较好、一般、差、很差五级，依次以绿、蓝、黄、红、黑五色标示。被定级为绿色、蓝色的企业在项目立项、审批、资源配置和企业上市等方面优先享受有关优惠政策；而对被定级为红色、黑色的企业依法进行整改，并督促其在规定期限内完成，同时在未完成整改前，暂缓企业项目立项、审批等申请事项。

与刑侦手段相比这些经济手段往往更加有效，因为这些经济手段逼迫企业必须为环境违法行为承担经济损失，促使更多绿色产品进入商品流通渠道，推进绿色消费。

第二节　企业未来的行动

企业作为绿色消费的主导者，应从生产者角度宣传绿色消费理念、优化消费环境、更新消费模式。通过积极研发和生产绿色产品，实施产品生态/环境设计、清洁生产、采用绿色包装、推进资源回收利用等产品全生命周期过程的管控，为消费者提供了绿色产品和服务。

1.培育企业绿色文化，参与绿色供应链管理

培养企业绿色文化需要树立企业是经济人、社会人、生态人的统一体的绿色价值观，发挥企业主要经营者的主导作用，用企业家精神带动绿色企业文化的建设，教育、引导、鼓励员工把企业的发展与

生态保护及全社会的共同发展相协调，使绿色管理成为员工的自觉行动。通过制定企业绿色采购指南，开展员工环保培训等，把绿色环保理念融入企业发展战略中。

面对绿色消费市场和绿色消费需求的选择，企业需要强化环境保护的自我约束机制，应逐渐增强社会责任意识，不仅要对自身生产过程和产品的环境影响进行严格控制，更要对其上下游企业或涉及产品原材料开采、生产、流通、分配和消费、处置等全生命周期环节的环境影响进行严格控制和监督，驱动整个供应链的绿色变革。

2.引导消费需求，开展绿色采购

企业需关注消费者需求的全面性，这包括对健康、安全、无害的产品需求，对美好生存环境的需求，对安全、无害的生产和消费方式的需求。企业应根据消费者需求和感知价值来辅助产品设计，提高产品的消费价值，生产符合消费者期望的绿色产品。此外，企业还应积极主动地引导消费者进行合理消费，通过加大产品生态设计与研发力度，生产出品种多、质量好、价格合理的绿色环保产品，增强消费者的消费欲望。

面对绿色消费的浪潮，企业应制定自己的采购标准和采购计划，考虑将原材料获取过程中对环境的影响降至最低，从而倒逼原材料、产品和服务的供应商不断提高环境管理水平，促进企业绿色生产。对有重大环境违法行为的供应商，企业可以降低采购份额、暂停采购或者终止采购合同；企业可以通过适当提高采购价格、增加采购数量、缩短付款期限等方式，对供应商予以激励。

3.采用绿色包装，实施节能减排

绿色包装对人体健康和生态环境无害，可以节约资源，包装容器可重复使用、回收再利用或无害化生物降解，是未来发展的一个方向。企业在生产过程中，应尽量采用可降解的或天然植物类的包装材料，并优化包装设计，在不影响包装功能的情况下，尽可能简化包装，减小对资源环境的压力，同时也有助于降低成本，提高企业的社会形象，提升企业的社会认同感和责任感。

此外，企业要重视节约物质资源和能量资源，减少废弃物和环境有害物包括三废和噪声等排放；加强用能管理，采取技术上可行、经济上合理以及环境和社会可以承受的措施，从能源生产到消费的各个环节，降低消耗、减少损失和污染物排放、制止浪费，有效、合理地利用能源。

4.宣传企业的绿色形象，推进信息公开

以人类社会可持续发展为目标，注重环境保护、注重社会公益的绿色企业形象的树立，是企业及其经营者注重社会效益、注重企业社会责任、注重企业和社会长远发展的体现。绿色消费模式下，需要企业实现从末端治理为主向全过程预防为主的生产方式的转变。为宣传企业的绿色形象，可以组织公众实地参观绿色产品的制造过程，并通过营销手段来提高消费者的环境意识，在商品宣传中强调商品的环境友好性。

企业进行环境信息公开，可以倒逼排污单位重视达标排放、保护环境，采取措施进行达标排放，同时彰显企业参与环境保护的社会责任感。由于对排污单位公开环境信息的内容做了具体规定，不仅可以

排除人情干扰，而且有利于环保部门有针对性地进行核查、监督和对违法者实施处罚，也有利于公众参与环境保护并实施有效监督。

第三节　消费者未来的行动

2015年原环境保护部发布《关于加快推动生活方式绿色化的实施意见》，2016年发改委等十部委联合发布《关于促进绿色消费的指导意见》，这些政策文件的出台为践行绿色消费绘制了一张行动路线图。2018年6月5日，生态环境部、中央文明办、教育部、共青团中央、全国妇联等五部门在六五环境日国家主场活动现场联合发布《公民生态环境行为规范（试行）》，倡导简约适度、绿色低碳的生活方式，引领公民践行生态环境责任，携手共建天蓝、地绿、水清的美丽中国。行为规范包括关注生态环境、节约能源资源、践行绿色消费、选择低碳出行、分类投放垃圾、减少污染产生、呵护自然生态、参加环保实践、参与监督举报、共建美丽中国等十个方面。

消费者作为绿色消费的主体，应当在日常消费中梳理正确的绿色消费观，抵制高污染、高消耗的产品，积极购买绿色环保产品，减少生活中不必要的浪费，从衣食住用行各方面践行绿色消费。

1.绿色服装

与普通服装相比，绿色服装具有更安全、更健康、生态环保、节能、节约资源等特点。在选材和设计上一般要求：服装材料生态环保，生产加工中资源能源消耗最低，使用无害或少害的助剂，同时考虑产品使用后的回收处理和再生利用。消费者在选择服装时应遵循：衣服材质最好是无染色的天然纤维制品，其次是经染色的天然纤维制品，少穿化纤制品服装。此外，在清洗衣物时，要注意节水节电，并使用环保型的洗涤用品。例如，彩棉是一种天然具有色彩的棉花，它在纺织品加工中无须染色，在其加工的生产全过程采用无毒、低毒的化学助剂和无污染的工艺及设备进行工业生产，真正实现了纺纱、织布、后加工、成衣“无过程污染”的加工，是绿色材质服装的首选。此外，选择绿色标签的洗衣机也非常重要。获得“中国环境标志产品认证”“节能产品认证”的洗衣机产品比国家标准要求节水、节电30%-40%，因此选择一款合适的洗衣机，一年的节水、节电量相当可观。开展旧衣“零抛弃”活动，完善居民社区再生资源回收体系，有序推进二手服装再利用，也都是支撑绿色服装的行为。

2.绿色饮食

绿色饮食的内涵比较宽泛，一般包括消费绿色环保食品和绿色的饮食习惯。选择绿色食品、有机产品等，是绿色饮食的重要内容。同时，养成良好的饮食习惯，也是绿色饮食的重要方面，如不食用过度加工的食品，“光盘行动”、杜绝浪费，选择低碳环保的烹饪方式，坚决不买不食用珍稀动植物等。绿色饮食既是对健康的关注，也是爱心、责任心和环保的体现。日常生活中，烹饪是食物加工过程中必不可少的一个环节，不同的烹饪方式在热能消耗、碳排放、油烟产生及营养价值流失等方面差异巨大。总体上看，蒸、煮、凉拌、白灼、煲汤、炖等方式较为环保，炒、烤、炸等方式的环保性较差。此外，践行“光盘行动”，杜绝舌尖上的浪费，开展厨余垃圾分类，有效控制餐饮油烟等，都是绿色饮食的范畴，均值得提倡和鼓励。

3.绿色家居

绿色家居是指选择符合绿色、节能标准的住宅建筑，低毒少害的建材产品，节能、高效、低噪的家电产品，节水的卫生洁具用品，同时养成健康环保的生活习惯。应推崇简约装修，尽量减少建材产品的使用量和施工量，并选择绿色建筑装饰装修材料。在日常生活中，应注意节水节电，并对生活垃圾进行分类收集。例如，在室内装饰装修建材方面，油漆、涂料、胶粘剂和壁纸等是挥发性有机物、苯系物、甲醛、卤代烃等污染的主要来源；复合地板、大芯板、饰面板、刨花板以及密度板等人造板材产品是室内甲醛污染的主要来源；石材、瓷砖类产品是造成放射影响的主要原因。选择通过环境标志认证的产品，可以有效减少以上影响，确保装饰装修材料符合环保要求。此外，别让电器扎堆、勿在电脑身后逗留、用水吸收电磁波等方式，可有效防护电磁辐射；避免冰箱空置、先冷却食物、选择合适的冷藏温度等，可有效减少冰箱的能耗；选择质量好的节水器具、一水多用、分质用水、减少洗涤剂的使用等行为，可以有效节约生活用水。

4.绿色办公

绿色办公是指工作环境有益于环保、健康，同时在办公活动中尽量减少资源和能源的消耗。主要包括两方面的内容：一是办公人员日常办公方式的绿色化，即自觉节水、节电等行为，减少能源资源的消耗；二是构建绿色的办公环境，从建筑材料、办公室设计、办公采购等实现建筑节能和生态环保。作为除了家以外人们停留时间最久的一个空间，如果使用环保的办公家具，或科学环保地使用办公器材，将大大改善办公室的微环境，既维护健康又改善心情，大大提高办公效率。此外，办公室能耗也是我国节能降耗的重点领域。经有关部门测算，我国政府机构节能潜力为15%–20%，如果实施绿色办公，将大大减少办公室的能源消耗。循环利用办公用品，如将纸板箱用来装运东西、塑料泡沫用来存放和保护贵重物品、双面打印材料等；选择绿色办公家具，如选择原木家具；开展无纸办公和自动化办公，如用电子邮件代替打印文件、视频会议取代出差等，以上行为都是有效践行绿色办公的措施。

5.绿色出行

绿色出行是以节约能源、减少污染、有益健康并兼顾效率为出发点的出行方式的统称。绿色出行既包括短途出行尽量步行或骑车，也包括购车时选择新能源汽车，尽量少开车、不开车，尽量选择公共交通，开车时做到文明驾驶等。其中，道路畅通是绿色出行的核心，文明出行又是道路畅通的关键所在。近两年兴起并迅速火热的“共享单车”，不仅有效解决了人们出行“最后一公里”的问题，同时为减少汽车尾气排放、实现低碳出行提供了新的渠道，是绿色出行的典范。每年的9月22日是“世界无车日”，旨在鼓励市民放弃依靠汽车出行的生活方式，鼓励大家乘坐公共交通工具或者选择骑自行车、步行等方式出行，以减少机动车尾气排放、减少空气污染。此外，如果必须选择开车出行，良好的驾驶习惯也能有效降低环境影响，如尽量减少急刹车、猛加油，避免长时间低挡高速行驶，行驶中保持给油状态，控制车辆速度，减少制动等。

参考文献

〔1〕 韩锐. 国内消费模式研究〔J〕. 西部皮革，2015，17.

〔2〕 傅素英，宇盟. 消费的环境影响及消费环保化研究〔J〕. 环境与可持续发展，2006，第1期.

〔3〕 俞海山. 循环经济与中国可持续发展研究〔M〕. 北京：新华出版社，2006.

〔4〕 国合会“可持续消费与绿色发展”课题组. 可持续消费与绿色发展〔J〕. 环境与可持续发展，2014，04.

〔5〕 左文明，莫小华，陈华琼. 国内消费模式研究综述与展望〔J〕. 经济管理，2015，02.

〔6〕 包庆德. 消费模式转型：生态文明建设的重要路径〔J〕. 中国社会科学院研究生院学报，2011，02.

〔7〕 汪玲萍，刘庆新. 绿色消费、可持续消费、生态消费及低碳消费评析〔J〕. 东华理工大学学报（社会科学版），2012，（3）.

〔8〕 香港贸发局. 美国环保消费带动绿色商机〔N〕，中国贸易报，2010-09-28（002）.

〔9〕 赵勇. 美国联邦政府绿色采购制度对我国的启示〔J〕. 中国政府采购，177：54-56.

〔10〕 刘冰欣. 日本绿色金融实践与启示〔J〕. 河北金融2016/10：28-32.

〔11〕杜放. 浅谈美国环保税收政策及其借鉴〔J〕. 深圳职业技术学院学报 2008，(3).

〔12〕李思彤. 美国“能源之星”计划认证技术〔J〕. 2013.04：55−56.

〔13〕董彩霞. 丹麦人如何践行绿色消费〔J〕. 世界环境.2017.04：30−32.

〔14〕埃德温·扎卡伊. 可持续消费、生态与公平贸易〔M〕. 化学工业出版社，2013.

〔15〕环境保护部网站：http：//www.mep.gov.cn.

〔16〕中环联合认证中心主编. 中国环境标志培训教程〔M〕. 北京：中国环境科学出版社，2009.1.

〔17〕中国环境文化促进会. 中国环境标志公众影响力调查报告（2014）.

〔18〕中国环境标志产品绩效评估报告. 环境保护部科技标准司、环境保护部环境发展中心，2014.

〔19〕新闻出版广电总局印刷发行司，北京印刷学院. 实施绿色印刷成果报告〔 〕. 2016.

〔20〕全球环境标志网络（GEN）网站http：//www.globalecolabelling.net/.

〔21〕彭妍妍，张新，林翎，夏玉娟. 中国能效标识制度实施框架和历程〔J〕. 制冷与空调. 2016，16（1）：70−71，93.

〔22〕曹宁，王若虹. 中国能效标识制度实施概况〔J〕. 制冷与空调. 2009，9（1）：9−14.

〔23〕李克荣，刘武朝. 对完善中国能效标识管理立法的几点思考〔J〕. 河北学刊. 2009，29（3）：206−208.

〔24〕朱晓勤. 我国能效标识制度：反思与借鉴. 中国青年政治学院学报〔J〕. 2008（1）：97−102.

〔25〕夏玉娟，田建伟，吴能旺. 能效标识深入实施推动行业快速发展

〔J〕. 制冷与空调. 2016，16（1）：72–75.

〔26〕冉秦，朱培武. 我国能效标准制定及实施发展状况研究〔J〕. 家电科技. 2016，（11）：35–38.

〔27〕徐定华. 新版《能源效率标识管理办法》解读〔J〕. 中国计量. 2016，（6）：38–40.

〔28〕绿色消费知识问答〔M〕. 北京：中国环境出版社，2015.

〔29〕罗宾 · 蔡斯著；佟鑫，徐娇编；王芮译. 共享经济：重构未来商业新模式〔M〕. 浙江：浙江人民出版社，2015.

〔30〕中文互联网数据资讯中心. 共享经济 | 共享经济向全行业渗透未来十年将有22倍增长〔EB/OL〕. http：//www.199it.com/archives/398840.html，2015–10–30/2018–03–12.

〔31〕中文互联网数据资讯中心. Wearesocial：互联网用户超过30亿大关〔EB/OL〕.http：//www.199it.com/archives/288459.html，2014–11–05/2018–03–12.

〔32〕云资讯. 共享价值，共享未来〔EB/OL〕.https：//www.aliyun.com/zixun/content/37_81_2036428.html，2018–01–17/2018–03–12.

〔33〕罗燕，乔玉辉，吴文良. 东北有机及常规大豆对环境影响的生命周期评价〔J〕.生态学报，2011，31（23）：7170–7178.

〔34〕乔玉辉，齐顾波，顾惜思，卜慧明. 中国农业可持续发展的多元化路径〔M〕. 中国农业科学技术出版社，2016.

〔35〕V. Seufert，N. Ramankutty，J. A. Foley，Comparing the yields of organic and conventional agriculture.Nature 485，229 - 232（2012）.

〔36〕Offemann F., Dependency of organic farms on direct payments–in selected EU Member States：today and tomorrow（J）：273–279.